国家社会科学基金西部项目"去产能进程中利益冲突与协调机制研究"（17XIY014）

去产能 进程中的

利益主体行为与协调机制研究

史仕新　刘鸿渊　唐洪松　胡艳◎著

四川大学出版社

SICHUAN UNIVERSITY PRESS

图书在版编目（CIP）数据

去产能进程中的利益主体行为与协调机制研究 / 史
仕新等著 . -- 成都：四川大学出版社，2024. 12.
ISBN 978-7-5690-7484-0

Ⅰ . F269.2

中国国家版本馆 CIP 数据核字第 2025JV9638 号

书　　名：去产能进程中的利益主体行为与协调机制研究
　　　　　Quchanneng Jincheng zhong de Liyi Zhuti Xingwei yu Xietiao Jizhi Yanjiu
著　　者：史仕新　刘鸿渊　唐洪松　胡　艳

选题策划：梁　平　李　梅　孙滨蓉
责任编辑：梁　平
责任校对：叶晗雨
装帧设计：裴菊红
责任印制：李金兰

出版发行：四川大学出版社有限责任公司
　　　　　地址：成都市一环路南一段 24 号（610065）
　　　　　电话：（028）85408311（发行部）、85400276（总编室）
　　　　　电子邮箱：scupress@vip.163.com
　　　　　网址：https://press.scu.edu.cn
印前制作：四川胜翔数码印务设计有限公司
印刷装订：成都市新都华兴印务有限公司

成品尺寸：170mm×240mm
印　　张：13
字　　数：250 千字

版　　次：2025 年 5 月 第 1 版
印　　次：2025 年 5 月 第 1 次印刷
定　　价：68.00 元

扫码获取数字资源

四川大学出版社
微信公众号

序　一

中国特色社会主义市场经济的运行效率，受制于有效市场和有为政府二元机制的协同合力。如果有效市场在经济运行中占据主导地位，则市场主体通过公平公正充分竞争机制，优胜劣汰，从而达成供求均衡；外部性的市场失灵，多通过法制和宏观经济政策加以纠正。如果有为政府占据主导地位，则市场主体跟随政府的指挥棒运作，或政府直接配置资源；信息不充分以及可能的寻租行为引致的政府失策，也只能通过政府行为自我矫正。我国的工业化城市化进程，目标明确，路径清晰，技术成熟。因而，有为政府能够通过集中各种力量协调利益各方而办成大事，例如大规模的基础设施建设、重化工产业的重资产投入，从而推进工业化阶段的跃进。改革开放以来我国经济的高速发展，多得益于有为政府和有效市场互为促进的效用。

在中国经济从高速增长进入高质量发展的"新常态"下，虽然有为政府可以有效遏制市场失灵，但中央政府的宏观调控即使精准也可能存在时滞效应。如果产能过剩多源于政府的"有为"，市场是难以有效化解市场主体的过剩产能的。在市场主体相对被动而市场有效性减弱的情况下，有为的政府就必然在化解过剩产能、协调各方利益的进程中发挥积极作用。这样一来，中央政府、地方政府、生产企业、企业职工、金融机构以及其他相关的利益方，如何协同有效地去产能，就成为中国特色社会主义市场经济的一个重大理论和实践问题。

在全球脱离化石燃料迈向以零碳风光为主体的可再生能源发展轨道的进程中，中国的光伏组件、储能电池和电动汽车（"新三样"），从无到有，由弱变强，在产能、产量和竞争力等各个方面雄踞世界市场，成为中国零碳转型和全球碳中和的强劲市场动能。若要实现联合国气候会议达成的《阿联酋共识》所规定的 1.5℃温升目标管控，服务全球市场，我国的"新三样"产能并不存在过剩问题。但在全球市场割裂和贸易壁垒高企的情况下，如果国内市场潜力没有得到充分挖掘，"新三样"也有可能出现过剩。即使没有过剩，也存在产品升级技术更新的市场迭代。无论如何，这一问题需要正视。悉知史仕新教授承

1

担了国家社会科学基金西部项目"去产能进程中利益冲突与协调机制研究",其结题成果经修改完善而成专著,并邀请我作序。本不敢贸然应允,但因本人对于去产能这一问题比较关注,便要来书稿而读之。读完后深感该书资料翔实、探究深入、分析严谨,结论具有极大的学术和政策价值,令我收获颇多。

作者从利益关系角度将去产能界定为新的利益关系格局形成、演化和协调过程,通过将去产能引发的利益关系调整和协调纳入去产能的动态过程,建立起去产能研究框架。立足于去产能的利益关系属性和动态演化的格局,作者提出了不同利益主体的成本—收益非一致性必然会引起利益分配问题、利益相关者的策略行为选择将影响去产能政策目标的达成的理论命题,有效弥补了"见物不见人"研究的不足,充分拓展了人们对去产能过程中的主体利益关系和策略行为的认识,其学术思想、学术观点和研究方法具有独到的价值。

在中国特色社会主义现代化建设过程中,去产能与产能建设是一体两面,始终存在于经济社会活动过程中。产能过剩既是相对的,也是长期存在于人们的经济社会活动中的,只是根据不同时空条件呈现出不同程度的差别而已。在有效市场和有为政府协同驱动的中国特色社会主义市场经济体制下,针对满足市场有效需求供给端的产能短缺与过剩并存的现实挑战,我们应该如何应对?实践经验和教训告诉我们,需要让有效市场实现供求均衡,让有为政府发挥积极作用,同时通过市场机制来协调各方利益优化产能。本书为读者提供了一个独特的视角,有助于对各利益主体的行为和协同机制进行理性认知和思考。

因而欣然提笔作序。

中国社会科学院可持续发展研究中心

序　二

　　产能供需不平衡是市场经济的基本形态，去产能是对产能过剩的系统化治理。产能形成源于市场主体的投资，既是一个生产力形成发展的过程，也是生产关系的社会建构过程。产业层面的"市场失灵"必然会造成产能过剩，而产能过剩必将造成资源浪费，降低资源配置效率。因此，其有效治理既是市场经济体制必须面临的现实问题，也是国家治理体系和能力现代化的重要体现。产能过剩治理最为直接的手段是系统化去产能，这也是一个国家和地区经济社会高质量发展的题中之义。总体上看，去产能既是生产力布局的调整和优化，也是生产关系社会性建构和利益调适再平衡的过程。相较于去产能过程中的生产力调整，因去产能引发的生产关系变革对去产能政策的效应更为显著和直接。如果将去产能纳入中国特色社会主义市场经济体制改革的时代背景中，那么去产能势必涉及中央政府、地方政府、生产企业、企业职工、金融机构等利益主体，这些主体共同构成了去产能集体行动的利益关系格局。去产能活动本质上是多层级利益相关主体之间的利益调整和重新分配，去产能政策目标的实现取决于相关主体之间的利益协调机制设计与一致性集体行动达成的过程和结果。因此，从主体利益关系角度去认识去产能进程中的利益属性、演化规律并构建起相应的协调机制，在理论和实践层面上构建起对去产能这一经济社会活动认识的新视角并展开相关研究，将有利于提升去产能活动规律的认识，有利于去产能目标实现，具有重要的理论价值和实践意义。

　　呈现在读者面前的《去产能进程中的利益主体行为与协调机制研究》一书，是在史仕新教授承担的国家社会科学基金西部项目"去产能进程中利益冲突与协调机制研究"结题成果基础上，经修改完善而成的，内容丰富，体现了作者对去产能这一经济活动的深刻洞见。

　　全书核心内容包括：一是去产能进程中的利益相关者属性认识。这部分内容构建了中央政府、地方政府、生产企业、企业职工、金融机构等的利益相关者集合，系统地分析了角色属性。二是去产能进程中利益相关者利益属性分析。这部分内容围绕利益的"主体、事件和对象"三大要素，对利益主体的利

1

益价值进行了程度量化和比较。三是去产能进程中的主体利益演化研究。作者在这部内容中将去产能视为一个动态过程，回顾产能过剩问题的形成历史，将其细分为扩大规模生产、产能过剩形成、去产能初期、去产能中后期四个阶段去描述不同利益相关者的收益动态变化的过程，构建了"利益共享—利益矛盾形成—利益矛盾深化—利益矛盾缓解"四个阶段，揭示了主体行为由对立向协作、利益目标由对立向协调、利益分配由垄断向共享的演化特征。四是去产能利益矛盾关系下的利益相关者策略行为选择研究。这部分内容将地方政府、生产企业、企业职工、金融机构等利益相关者的行为分析纳入国家去产能政策贯彻实施过程中，构建起一个去产能进程中利益相关者策略性行为分析的整体性框架，采用演化博弈的方法，对生产企业、地方政府与中央政府的混合策略选择的收益函数的均衡条件和稳定性进行了研究，得到了有关中央政府、地方政府、生产企业的策略性行为的基本结论。五是去产能进程中利益主体策略性行为的实践证据。这部分内容以钢铁行业为验证对象，从设备升级、兼并重组优化、技术创新、资源综合利用、对外贸易五个维度对钢铁行业去产能的政策效果进行了整体性评价。六是去产能进程中的主体利益协调机制研究。这部分内容基于对利益协调机制的整体性理解，从协调目标、协调主体、协调内容、协调手段四个方面，围绕"为何协调、谁来协调、协调什么、如何协调"四个问题构建起去产能利益协调机制设计的总体框架，从健全绩效考核、产业培育、多元协同监督、违规处罚问责、技术创新激励、生产要素约束多角度对利益协调机制的机理和运行逻辑进行了研究。

本书对去产能活动的深刻认识主要体现在：首先，本书从利益关系角度将去产能界定为新的利益关系格局形成、演化和协调过程，将去产能引发的利益关系调整置于去产能的动态过程中，建立起去产能研究新的研究框架，有效弥补了仅从生产力角度认识去产能的不足，拓展了理论视野。其次，本书立足于去产能的利益关系属性和格局演化，提出了不同利益相关者的成本—收益非一致性必然会引起利益分配问题、利益相关者的策略行为选择将影响去产能政策目标的达成的理论命题，有效弥补了"见物不见人"研究的不足，充分拓展了人们对去产能过程中的主体利益关系和策略行为的认识，在学术思想、学术观点和研究方法方面具有独到的价值。

在中国特色社会主义现代化建设过程中，去产能与产能建设是一体两面，始终存在于经济社会活动过程中。产能过剩既是相对的，也是长期存在于人们的经济社会活动中的，只是根据不同时空条件呈现出不同程度的差别而已，其治理工作具有一般性、长期性、复杂性和艰巨性，因此，若要始终保持对产能过剩治理清醒的认识，不仅需要将去产能置于国家发展战略体系内、置于国家现代化治理体系和治理能力现代化建设中，以增强理论性、实践性，形成具有中国特色的产能治理知识体系和话语体系，以提高利益分析对产能建设和产能过剩治理实践的理论解释力，还需要高度重视因去产能而引发的利益矛盾关系，正确处理好去产能过程中的企业兼并重组工作，完善落后产能退出的保障机制，系统认识国际贸易管理政策优化与去产能政策效应的内在作用机理。进一步拓展去产能的空间视野，是去产能后续研究值得关注的问题。

中国社会科学院数量经济与技术经济研究所原所长

中国技术经济学会原理事长

目　　录

第一篇　总　论

第一章　概　论…………………………………………………（ 3 ）

　第一节　研究背景…………………………………………（ 3 ）

　第二节　研究意义…………………………………………（ 6 ）

　第三节　研究框架…………………………………………（ 7 ）

　第四节　研究重难点………………………………………（ 9 ）

　第五节　研究思路与方法…………………………………（ 9 ）

　第六节　研究特色…………………………………………（ 11 ）

第二章　理论基础与研究综述…………………………………（ 12 ）

　第一节　基础理论…………………………………………（ 12 ）

　第二节　研究综述…………………………………………（ 17 ）

第二篇　去产能进程中的利益关系与属性研究

第三章　去产能进程中的利益主体属性研究…………………（ 37 ）

　第一节　去产能进程中利益相关者内涵分析……………（ 37 ）

　第二节　去产能进程中利益相关者分析…………………（ 38 ）

　第三节　去产能进程中利益相关者类型划分……………（ 46 ）

第四章　去产能进程中的利益类型化研究……………………（ 53 ）

　第一节　去产能进程中的利益类型分析…………………（ 53 ）

　第二节　去产能进程中利益相关者的利益类型分析……（ 54 ）

　第三节　去产能进程中利益相关者的利益诉求分析……（ 59 ）

　第四节　本章小结…………………………………………（ 68 ）

第三篇 去产能进程中的利益矛盾关系与演化研究

第五章 去产能进程中的利益矛盾关系研究·····················（71）
第一节 去产能进程中利益矛盾关系内涵及演化条件···············（71）
第二节 去产能进程中利益相关者收益演变过程分析···············（73）
第三节 去产能进程中利益矛盾关系的演化过程分析···············（87）
第四节 本章小结··（91）

第六章 去产能进程中的利益主体行为研究·····················（92）
第一节 利益相关者行为选择的内在逻辑分析·····················（92）
第二节 利益相关者行为选择的演化博弈分析·····················（96）
第三节 去产能进程中的利益相关者行为验证·····················（109）
第四节 本章小结··（116）

第四篇 去产能政策效应检视与机制优化研究

第七章 去产能的政策效应研究·································（121）
第一节 对钢铁行业去产能政策执行效果的总体性评价···········（121）
第二节 钢铁行业产能利用率测算································（126）
第三节 去产能政策影响钢铁行业产能利用率的计量检验·········（132）
第四节 去产能政策下钢铁企业高质量发展水平评价·············（148）
第五节 本章小结··（165）

第八章 去产能进程中的协调机制研究·························（166）
第一节 利益协调机制设计思路构建······························（166）
第二节 地方政府利益协调机制··································（169）
第三节 生产企业利益协调机制··································（171）
第四节 去产能进程中利益协调机制的数值仿真·················（172）
第五节 本章小结··（177）

第九章 研究结论、建议与展望·································（178）
第一节 研究结论··（178）
第二节 研究建议··（180）
第三节 研究展望··（184）

参考文献···（187）

第一篇 总 论

第一章 概 论

第一节 研究背景

2013 年，党中央作出我国经济正处于增长速度换挡期、结构调整阵痛期、前期政策消化期"三期叠加"阶段的判断（裴长洪、李程骅，2015）。基于经济发展"三期叠加"的阶段性特征，党中央在 2014 年提出"经济发展新常态"的重要命题。中国经济新常态的基本特征主要可以归结为三大方面：一是增速变化，中国经济从 10％左右的高速增长转向 7％左右的中高速增长。二是结构优化，即发展方式从规模速度型粗放增长转向质量效益型集约增长，经济结构从扩能为主转向调整存量、做优增量并举的深度调整。三是动力转换，即已逐步由过去的投资驱动转向创新驱动。

坚持供给侧结构性改革是中国经济发展进入新常态的必然选择，去产能成为供给侧结构性改革的首要工作任务。我国经济进入新常态后，经济发展呈现出速度变化、结构变化、动力转化三大特征，经济发展面临增速下降、工业品价格下降、实体企业盈利下降、财政收入下降及经济风险发生概率上升等问题。供给侧结构性矛盾开始成为我国经济发展的主要矛盾。根据我国宏观经济运行主要矛盾和趋势的变化，2015 年 11 月中央经济工作会议明确提出供给侧结构性改革，2016—2020 年，中央经济工作会议都明确要求把供给侧结构性改革作为经济工作的主线（庞明川，2020）。供给侧结构性改革的关键在于全面落实"三去一降一补"五大任务，即"去产能、去库存、去杠杆、降成本、补短板"。去产能是"三去一降一补"五大任务中的首要任务，主要是按照企业主体、政府推动、市场引导、依法处置的原则，通过兼并重组、破产清算等手段，对过剩产能和不良资产进行处置，同时严格控制增量，防止新的产能过剩。

进入 2018 年之后，随着重点行业"十三五"期间产能去化目标基本完成，政策主线以保持改革成果，完成既定目标任务为主；政策方面以产能置换、严控新增产能为主；政策目标从以往的压总量逐步转向调结构，对产业结构、供给质量、绿色生产提出了更多要求。2021 年 11 月，工业和信息化部印发《"十四五"工业绿色发展规划》，明确提出，加快推进产业结构调整，坚决遏制"两高"项目盲目发展，依法依规推动落后产能退出，发展战略性新兴产业、高技术产业，持续优化重点区域、流域产业布局，全面推进产业绿色低碳转型，严格执行钢铁、水泥、平板玻璃、电解铝等行业产能置换政策，严控尿素、磷铵、电石、烧碱、黄磷等行业新增产能，新建项目应实施产能等量或减量置换。强化环保、能耗、水耗等要素约束，依法依规推动落后产能退出[①]。随后相关部门陆续发布《煤炭工业"十四五"高质量发展指导意见》《关于促进钢铁工业高质量发展的指导意见》《混凝土与水泥制品行业"十四五"发展指南》，提出严禁新增产能、优化产业布局结构、推进企业兼并重组的化解产能过剩的任务要求。《工业领域碳达峰实施方案》同时也提出，持续优化存量，下大力气推动钢铁、有色、石化、化工、建材等传统产业优化升级，树立并滚动更新行业能效标杆水平和基准水平，引导鼓励相关行业企业实施节能降碳改造、工艺革新和数字化转型，依法依规退出落后产能[②]。可见，"十四五"期间，化解产能过剩仍然是供给侧结构性改革的重要方面。

在新时代背景下，从利益相关者关系角度阐释产能过剩原因、提出相应的协调机制是顺应我国重大经济改革的现实要求。在西方经济学的理论体系框架内，宏观层面研究认为有效需求不足、垄断竞争、不完全竞争、市场预期、进入壁垒、规模报酬效应、需求周期波动（Fair，1985；Squires et al.，2010；Somayeh et al.，2012）是产能过剩的主要原因；微观层面研究认为产能过剩与企业在信息不完全情景下的要素窖藏（Blinder，1982）、威胁承诺（Mathis et al.，1997）等理性选择和竞争策略性行为有关。国内学者对产能过剩成因的解释包括市场失灵、激励扭曲和结构失衡三种观点。市场失灵观点认为在追赶战略框架下，对前景普遍的乐观判断和共识与企业决策过程中的信息不完全及厂商数目不确定结合在一起产生合成谬误，由此产生的投资"潮涌现象"导致了产能过剩现象（林毅夫等，2010）。激励扭曲观点认为财政分权制度诱发了地方政府投资行为，经济增长与地方领导晋升的内在逻辑关系激发了其对土地等要素市场的不当干预（黄健柏等，2015）；地方政府有意压低企业投资成

---

① 工业和信息化部：《"十四五"工业绿色发展规划》，2021 年。
② 工业和信息化部、国家发展改革委、生态环境部：《工业领域碳达峰实施方案》，2022 年。

本行为导致要素价格扭曲和无效配置，催生了产能过剩（干春晖等，2015）。结构失衡观点认为国有经济主导的经济体系、政府主导的投资结构、区域间较小的技术级差所导致的产权、投资和技术空间结构不合理共同催生了产能过剩（杨培鸿，2006）。去产能是相对于产能过剩而采取的政策措施和经济社会活动，风险和政策策略是去产能研究的重点。去产能风险观点认为，去产能不仅是经济问题，也是政治问题，不同政府之间的目标差异决定了其一致性集体行动不易达成，国家去产能政策在实施过程中被各类参与者化解、弱化和扭曲，去产能反而可能引发债务、金融、失业、社会安全、经济波动风险（潘同人，2016；白让让，2016）。去产能策略观点认为，对产能过剩企业的处理，应从强制性退出向援助性退出转变，应重视政府去产能动机的影响，设计合意的退出机制，采用差别化的退出政策，强调通过兼并重组、淘汰与改造等方式去产能（蔡之兵，2016；张占斌，2017；潘文轩，2016）。

以西方经济学为范式的生产过剩研究是建立在新自由主义理论基础上的，其对生产过剩成因的多维度研究揭示了生产过剩成因的复杂性。然而，由于对产能过剩形成与治理过程中涉及的利益主体的忽视，现有研究难以对发达国家大量"僵尸企业"的长期存在，治理政策难以在地方政府、企业之间形成一致性行动的现象做出合理的解释，成因解释的全面性和市场化治理方式的有效性受到了客观现实的挑战。中国的产能过剩与发达国家既存在着一定共性特征，也有本质上的不同。产能过剩的成因解释深化了人们对中国产能过剩的复杂性、动态性和特殊性的认识。然而，由于对产能过剩背后的利益关系结构、利益相关主体行为动机与去产能政策效果之间关系的忽视，现有产能过剩成因解释难以对中国产能过剩治理过程中的久调未决和越调越乱现象做出合理的解释，凸显了现有成因解释对治理过程涉及的主体行为研究的不足。在"五位一体"的总体布局要求下，在经济新常态和供给侧结构性改革的时代背景下，去产能必将对既有的利益格局造成冲击，产生新的利益矛盾，这在客观上要求后续研究不仅要从利益关系角度审视去产能所引发的社会矛盾，还要将利益相关主体纳入新的利益关系格局中，对利益矛盾模式下的主体策略性行为进行研究，建构起相应的利益协调机制，形成去产能的一致性集体行动，为去产能的社会实践提供理论指导和政策建议。

第二节 研究意义

一、学术意义

去产能兼具经济、政治、文化、社会、生态价值，涉及中央政府、地方政府、生产企业、企业职工、金融机构等多个层面的利益主体，个体与整体利益的非一致性要求用新的理论视角审视去产能。鉴于此，本书将在以下三个方面体现自身的学术意义：一是以去产能的利益矛盾分析事关"五位一体"总体布局，其研究将丰富经济新常态下产业结构优化、转型升级和创新发展的内涵。二是将去产能进程中的利益相关者行为研究纳入"五位一体"、经济新常态和供给侧结构性改革所形成的复杂系统中，有助于深化对去产能进程中利益相关者一致性集体行动形成机理的认识，为相关制度创新、体制改革和公共政策绩效提升提供理论指导。三是将"创新、协调、绿色、开放、共享"五大新发展理念融入对去产能政策效应的研究过程中，揭示去产能政策对产能利用率的影响路径，有助于进一步完善产能治理的公共政策体系。

二、实践意义

去产能具有高度的不确定性，对利益属性、矛盾关系演化规律的认识和主体行为的调适是去产能目标达成的前提和基础。鉴于此，本书将在以下三个方面体现自身的现实意义：一是对去产能进程中利益相关者的利益关系、演化规律进行研究是深入贯彻习近平新时代中国特色社会主义经济思想对现实经济活动的理论指导的要求，进一步拓展了政府行为理论、市场结构理论和利益关系理论等理论的内容。二是将利益相关者的策略行为纳入去产能进程中，系统地研究不同利益目标下的主体行为选择，有助于丰富异质性集体行动和博弈行为的研究内容。三是采用系统建模的方法，对既有制度环境下的地方政府、生产企业的策略行为选择进行仿真研究，对国家去产能政策的有效性进行验证，有助于推动公共政策研究的科学化，为公共政策评价研究提供新思路。

第三节　研究框架

一、研究对象

本书以创新、协调、绿色、开放、共享的新发展理念为思想指导，按照"五位一体"总体布局的要求，以经济新常态和供给侧结构性改革为背景，以"去产能所产生的外部性将引发利益矛盾""利益相关主体一致性集体行动的达成是去产能政策目标能否顺利实现的关键"为基本命题，将去产能目标达成过程分解为利益属性认识、利益关系规律探究、主体策略性行为分析和利益协调机制构建四大板块来开展相关研究。四个板块具体为：一是去产能的利益关系与属性研究，二是去产能中利益矛盾形式与演化规律研究，三是利益相关主体策略性行为研究，四是利益相关主体协调机制的构建、动态仿真和政策建议研究。

二、研究框架

全书共分为四篇十个章节。

第一篇为总论：包括第一章和第二章，是课题研究的基础部分。

第一章为概论。主要内容包括课题研究背景、研究意义、研究内容、研究思路、研究方法、研究重难点和创新之处。

第二章为理论基础与研究综述。主要阐述了研究去产能进程利益矛盾关系及协调机制的理论基础。利用 CNKI 数据库的文献数据和 CiteSpace V 软件，通过共现去产能研究相关文献的年限、作者机构和关键词等方式方法，对中国去产能研究进行可视化分析，全方位地呈现其基本的研究现状、前沿、热点、主题和演进趋势。

第二篇为去产能进程中的利益关系与属性研究，包括第三章和第四章。对去产能进程中的利益关系与属性的认识涉及利益相关者类型化研究、不同利益相关者关系结构及其利益表征研究，是认识利益相关者利益矛盾关系演化规律及策略行为选择的前提。

第三章为去产能进程中的利益主体属性研究。根据我国去产能的具体实践，将中央政府、地方政府、生产企业、企业职工、金融机构、上游企业、下游企业、企业工会、新闻媒体、仲裁机构和社会公众等纳入去产能进程中，分析这些利益主体在去产能进程中扮演的角色及其对去产能进程产生的影响，并从合法性、影响性、紧迫性三个属性维度对利益相关者进行了分类，构建起去产能进程中利益相关者的图谱关系。

第四章为去产能进程中的利益类型化研究。采用规范研究方法，将纵、横两个层面的政府、金融机构、行业内企业、去产能所涉及的职工纳入去产能进程中，从政府、企业和职工利益角度建构起多层级的利益相关者关系网络，分析研究去产能与中央政府、地方政府、生产企业、企业职工、金融机构等利益相关者的利益关系内涵，并分析去产能进程的利益类型和不同利益相关者的利益目标。

第三篇为去产能进程中的利益矛盾关系与演化研究，包括第五章和第六章。对去产能进程中的利益矛盾关系及其规律的认识不仅包括对利益矛盾关系内涵和演化条件的学理性探究，还包括对产能过剩历史根源的探究以及矛盾关系演化阶段性的讨论，同时也涉及特定政策环境下的主体策略行为研究。这是构建利益协调机制的前提。

第五章为去产能进程中的利益矛盾关系研究。以去产能的发展阶段、特征为横轴，利益相关者不同阶段的不同利益为纵轴建构起二维分析框架，以利益相关主体的"成本—收益"非一致性是利益矛盾产生的本质性原因，利益相关主体"成本—收益"函数的动态变化将会导致利益矛盾关系的不同演化路径为命题，采用局部均衡和一般均衡分析方法，分析中央政府与地方政府、生产企业、企业职工及金融机构，地方政府与地方政府，生产企业与生产企业之间因去产能而产生的不同利益矛盾关系形式、演化路径，以及不同演化路径对去产能进程产生的影响和作用机理。

第六章为去产能进程中的利益主体行为演化研究。以有限理性和利益最大化是利益相关主体的策略选择理论为基础，构建中央政府、地方政府与生产企业的演化博弈模型，研究不同关系结构、行动规则、支付函数下的中央政府、地方政府及生产企业去产能策略行为的均衡条件，并通过政策文本及具体案例来验证利益相关者的行为特征。

第四篇为去产能政策效应检视与机制优化研究，包括第七章、第八章和第九章。去产能客观上既要求对实践层面上的政策效果进行评价，揭示去产能政策影响产能利用率的作用机制，又要求从理论上对机制设计本身进行整体性的把握，这是本研究的落脚点。

第七章为去产能的政策效应研究。以钢铁产业为例，在对钢铁行业去产能政策效果进行总体评价的基础上，从环境效率角度运用 DEA 模型测算钢铁行业的产能利用率，并运用最小二乘法模型检验去产能政策对钢铁行业产能利用率的影响程度及其作用路径。

第八章为去产能进程中的协调机制研究。以利益相关主体一致性集体行动达成与利益协调机制设计的科学性是去产能政策目标顺利实现的关键为基本命题，从监督奖惩机制、要素约束机制及激励奖补机制等方面构建去产能的利益协调机制，并运用仿真分析法验证协调机制的科学性和有效性。

第九章为研究结论、建议与展望。全面总结研究结论并对下一步如何开展研究进行展望。

第四节　研究重难点

本书研究的重点有三个方面：一是去产能利益相关者属性和利益类型研究，二是去产能利益矛盾关系的形式、动态演化规律和利益相关主体策略性行为研究，三是利益矛盾关系情境下的利益相关主体一致性集体行动的协调机制构建、仿真分析。

本书研究的难点有三个方面：一是去产能的动态性导致利益相关主体集合处于变化之中，微观层面的数据收集是本书研究的资料难点。二是去产能涉及政府、生产企业、企业职工、金融机构等多个利益主体，利益主体多元性和利益内涵多维性的量化处理需要新的方法，这是本书研究的技术难点。三是去产能的主体既包括抽象的政府，也包括具体的生产企业和企业职工，如何将不同属性的主体纳入一般均衡的分析框架内是本书研究的理论难点。

第五节　研究思路与方法

一、研究思路

首先，从利益角度将去产能界定为新的利益关系格局形成、利益矛盾关系的演化过程，将去产能引发的利益矛盾关系置于去产能的动态过程中，建立起去产能研究新框架。其次，立足于去产能的利益属性和关系格局，以不同利益相关主体的"成本—收益"非一致性必然会引起利益矛盾关系，利益相关主体的策略行为选择影响、制约去产能政策目标的达成为基本假设，从去产能利益属性、利益矛盾关系的形成、动态演化规律、主体策略性行为、政策效应及协调机制设计等方面展开相关研究，提出相关政策建议。研究思路如图1—1所示。

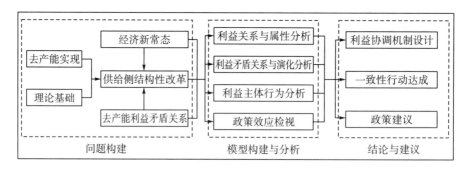

图1—1　研究思路

二、研究方法

（1）多学科相互渗透的研究方法。去产能在供给侧结构性改革中的核心地位及其经济、政治、文化、社会、生态属性凸显了其多重利益属性。本书综合运用行为经济学、制度经济学、经济社会学、组织行为学等学科知识，对去产能进程中涉及的利益矛盾关系和主体策略行为进行多角度研究，以揭示去产能的利益本质。

（2）定性分析与数理分析结合的方法。去产能涉及对现状和实施结果的价值判断和程度描述。本书在对去产能的利益属性和利益相关主体关系格局进行定性分析基础上，开展访谈了解利益相关者对去产能的利益诉求，并通过构建博弈模型验证利益相关者行为，运用DEA模型和回归模型揭示去产能政策提高产能利用率的作用路径。

（3）内容分析与多主体仿真方法。以不同利益相关主体的一致性集体行动的达成为利益协调机制设计的总目标，运用多主体仿真方法分析不同协调机制作用下的利益相关主体之间的行为选择，模拟利益协调机制对不同利益相关主体的作用和影响。

第六节 研究特色

一、学术思想的特色

本书以去产能的利益属性为逻辑起点，将中央政府、地方政府、生产企业、企业职工等主体纳入社会行动系统中，构建起去产能利益相关者体系，从利益关系角度认识去产能进程中利益相关者的行为，并将其理解为利益矛盾关系产生及演化、行为策略的选择和利益协调机制的动态构建过程，扩展了去产能研究的新视角，提出了去产能研究的新思路和新框架，有利于去产能研究的深化。

二、学术观点的特色

本书认为国家层面去产能政策贯彻实施过程本质上是不同利益相关者之间一致性集体行动的达成过程。去产能进程中利益相关者具有明显的异质性和结构性，对利益的诉求具有主体和内容上的差异性。不同利益相关者的"成本—收益"非一致性必然会引起利益矛盾关系，利益矛盾关系呈现出"收益共享—利益矛盾关系形成—利益矛盾关系演化—利益矛盾关系化解"的演化规律，具有明显的阶段性、过程性和动态性特征。利益协调机制的设计要遵照利益矛盾关系演化的规律和"三新一高"的发展要求。以上学术观点在以往研究中都未曾提及。

三、研究方法的特色

综合运用社会网络分析、成本收益分析、博弈模型、数据包络分析及数值仿真等多种方法，不仅系统地对去产能所形成的利益类型、行为选择及协调机制等进行了研究，而且对去产能政策效果进行了实证检验，对协调机制进行了仿真分析，在研究方法上具有规范研究与实证研究有效结合的特色。

第二章 理论基础与研究综述

　　产能是体现一个国家、地区或产业经济规模和实力的核心指标；去产能是为了减少产能过剩带来的不利影响，既可以表现为自发的市场行为，也可能是政府对经济的有效干预。去产能是经济新常态下供给侧结构性改革的首要任务。系统地梳理近十五年来产能研究的演进路径与热点前沿，将有助于进一步深化社会各界对去产能利益研究的理论、现状和社会价值的认识，为本书研究的重难点提供有益参考和借鉴。本章基于文献计量和知识图谱的思想与方法，利用 CiteSpace V 软件对检索得到的 1932 条源于 CNKI 数据库的 CSSCI 和核心期刊文献数据进行计量分析，并绘制相关科学知识图谱。

第一节　基础理论

一、外部性理论

　　1890 年，马歇尔在《经济学原理》中首次提出外部经济和内部经济这一对概念。他认为，市场上任何一种产品的生产规模扩大所带来的经济可划分为两类：一类是外部经济，即生产的扩大有赖于该行业、产业的普遍发展；另一类则是内部经济，即生产的扩大有赖于单个企业自身的资源、组织和效率的经济。虽然马歇尔并未对外部经济和内部经济的概念做出解释，但他从外部经济和内部经济的角度分析了行业经济运行和个别厂商或企业成本变化时的影响因素，为外部性理论的形成与发展奠定了基础，为研究者提供了无限思考的可能与空间。

　　20 世纪初，马歇尔的关门弟子庇古在《福利经济学》一书中，利用边际分析方法，从边际收益与边际成本角度，继承与发展了外部性的概念，扩充了外部性理论。庇古认为在经济活动中，如果某些企业通过使用公共资源，给其他企业或者整个社会造成了损失而不需要付出任何代价，则存在"外部性"。其中，针对外部性对经济所造成的负面影响，庇古认为需要政府等主体采用某种手段加以解决，例如税收和津贴办法等。同时期的新制度经济学的奠基人科斯在《社会成本问题》一书中从交易费用的角度提出了自己的理论。科斯认为，外部性的产生不是市场制度的必然结果，而是由于产权没有界定清晰，进而导致相互性的侵害问题。因此，他将外部性问题转化为产权问题加以解决，即当交易费用为零时，通过市场交易双方的自愿协商就可以达到资源的最优配置；而交易费用不为零时，除了通过庇古路径解决，也有可能通过双方自愿协商的市场行为加以解决。

外部性又包括正外部性和负外部性。正外部性是指个体行为对其他主体带来有利的影响。负外部性是指个体行为对其他主体带来不利的影响。对于中央政府而言，去产能的正外部性最终表现在推动高质量发展上，负外部性则具体体现为地方政府财政收入减少、社会财富积累减少、企业职工失业等。去产能的正负外部性表明，去产能过程中既可能会存在"市场失灵"，也可能会存在"政府失灵"。因此，要保证去产能政策目标的顺利实现，就必须正视去产能进程中的正负外部性，以此为切入点，将主体利益和策略行为纳入去产能的研究框架加以思考。

二、政治锦标赛理论

1981 年，拉齐尔（Lazear）和罗森（Rosen）首先提出锦标赛理论，他们研究了在组织中根据个体的相对排序而非产出水平发放工资的报酬机制，并提出由两个风险中性的个体组成的基本锦标赛模型（刘剑雄，2008）。在该模型中，当职工处于风险中性状态时，依据职工的相对排序支付报酬的激励安排与基于职工产出水平支付报酬的激励安排同样可有效合理配置资源（宋妍，2013）。因此，在企业管理者难以直接观察职工努力程度或观察成本过高时，企业采用锦标赛激励方法要优于以产出水平为基础的计件工资制、标准工资制等。

基于中国特有的行政体系与管理结构的多层次、多地区的特点，政府锦标赛的激励方法在中国具有较大的效用价值，主要分为正效应与负效应。首先，领导干部之间的政治锦标赛能有效促进地区经济的增长。在以经济建设为中心的体制下，中央政府简政放权，使地方政府拥有更大的自主权与财权，从而能更合理高效地配置自身资源。地方领导基于对自身利益的考量，会积极主动发展与推动地方区域经济的增长。其次，政府锦标赛使地方领导在追求本地经济发展的同时积极完善社会公共基础设施。政府锦标赛的核心是 GDP 等相关经济指标的增长，使地方政府必须采取相应措施或竞争手段吸引更多的投资来发展经济，如完善本地公共基础建设等。虽然政府锦标赛在经济增长上发挥了积极作用（正效应），但同时也产生了相应的负效应。比如，投资资源的有限性致使各地方政府之间过度竞争，进而导致地方保护主义问题的产生；重复性的公共基础建设导致不合理的区域经济结构。

根据以上描述可知，政府锦标赛竞争的特征在于领导干部的相对绩效排序，这是他们获得相应报酬以及职位变动的依据，部分地方政府在锦标赛竞争过程中对企业生产进行的不合理干预，是我国部分企业产能过剩的主要原因之一。因此，本书将以政府锦标赛理论为基础，分析探讨地方区域经济增长与去产能进程中各利益相关主体之间的利益矛盾关系，并探寻相应的协调机制。

三、利益冲突理论

冲突是一种对立状态，它产生于系统中各方所追求目标的对立性（王实、顾新，2010）。在社会生产活动中，冲突作为一种普遍现象而广泛存在。例如，在经济领域中，各个企业因双方利益目标的不一致，产生资源、技术等生产要素之间的争夺与占领等行为。其中，自然资源、高新技术、人力资源等都是企业发展所需的重要资源，涉及自身利益。因此，利益冲突是冲突理论中最主要的内容。利益冲突普遍存在于各个领域学科中，结合各个领域的特点，其概念存在些许不同，但从前人在各个领域中的研究论述中可知，利益冲突是就不同主体之间的利益矛盾而言的，它是对有利于实现自身利益与提高社会地位等的利益对象或劳动产品的争夺。

为合理解决利益冲突，各个领域的许多学者对协调各利益相关主体，和平合理解决利益冲突做了许多研究。由于利益体系庞大复杂、利益相关主体多元、利益需求多变，在实际社会生活、生产经营等活动中，理论方法结合实际特点，才能建立合理有效的协调机制。因此，本书将根据我国去产能的现状与目前制度等特点，多角度分析去产能进程中的利益关系格局和属性，进而建立合理有效的协调机制。

四、博弈理论

博弈论由冯·诺依曼和摩根斯坦恩在 1994 年出版的《博弈论和经济行为》中首次提出，它是研究特定主体在特定环境条件与规则制约下，依靠已有信息判断博弈各方的行为特征，并实施相应策略的学科。博弈根据参与者行动选择的不同分为动态博弈和静态博弈，根据参与者彼此间信息是否对称分为完全信息博弈和不完全信息博弈。标准博弈论下的经济研究模型强调个人理性，每个参与博弈的主体所做决策均是利己的，追求个人利益最大化，即理性人假设。由于参与主体决策需求与目标的多变性，理性人假设往往不能满足复杂的现实情况分析需要，现实中不确定因素的存在往往导致偏离利益最大化的目标，行为偏差自然而然地促使非理性行为的产生，这就使得博弈论上升到更为复杂的行为博弈研究。

行为博弈论应用于各个行业领域当中，其中最典型的就是"羊群行为"。"羊群行为"也称为从众行为，在各个领域当中，由于市场以及行业信息不确定或不对称，参与者不能或者很难通过已有信息进行独立思考并做出相应决策时，他们往往会选择一个次优策略，即模仿或者依赖于他们相对信赖的其他决策者的行为策略，通过保持一致性来保证自我利益。此时，如果其他决策者也处于同样情况下且有相同想法时，"羊群行为"的博弈现象也就自然而然地发生了。

行为博弈论将实验分析与心理学理论引入标准的策略行为理论中，增强了博弈论对现实活动的解释效力。去产能进程实质就是各利益相关者行为策略选择的博弈过程，去产能效果如何完全取决于各利益相关者的策略选择。因此，本书在有限理性的前提下，将去产能进程中的利益相关者纳入博弈模型中，以准确解释及预测去产能进程中参与主体在各种实际情况下的策略行为及其产生的条件。

五、政府行为理论

行为是指特定主体为满足自我需求所进行的一切有目的的活动过程，它可以分为个体行为与群体行为。政府行为是一种特定的群体行为，其主体是政府，而政府是指实施国家职能的全部国家机构。政府行为不同于个体、社会组织、企业等所做的行为，它属于一种行政行为，涉及国家发展的方方面面，即政府行为是各政府组织针对社会、经济、文化、法治等方面做计划、决策、指挥、协调、监督的一系列行为，具有强制性和法定性。

西方经济学界围绕政府行为进行的研究，大体上可分为两大流派，即自由放任的市场经济与政府干预的市场经济（段寒冰，2006）。以休谟、斯密、穆勒、马歇尔等为主要代表的经济自由主义者认为自由竞争的市场经济能够通过采取市场自发性行为，如市场交易双方自愿相互协商等，来完成市场资源优化配置的任务，并达到自由竞争下的均衡。同时，他们认为政府的行为应当表现在保障公民的人身财产安全、制定合理规则以及完善国家公共基础设施建设等方面，而非政府介入市场，干预市场经济。因此，他们主张政府应尽可能少地干预市场经济，政府行为中应有更多的制度行为而非经济行为，减少经济管制与干预，以保证市场经济的自由发展（郭萌萌，2013）。然而经济自由主义在否定政府干预的同时，并没有提出更加行之有效的手段来矫正市场失灵，维护市场经济的均衡。同时，市场自由竞争下的均衡并不意味着资源交换各方的需要得到了最大化满足，若要实现最大化满足还需进一步的利润再分配，而政府是利润再分配的主体，这一点是明显的。因此，以凯恩斯等人为主要代表的政府干预主义者对经济理论进行了一次革命，他们认为市场自我调节并不能有效地解决自由竞争下经济不稳定的问题，也不能实现一系列社会目标。凯恩斯指出，政府应当适度干预市场经济，从宏观经济角度对市场经济进行调节，即政府的行为应当致力于建立合适的经济政策与制度以维持市场经济的平衡，减少因完全自由竞争导致的经济大幅度波动，从而推动市场经济的持续增长，并实现一系列社会目标。

在经济发展史中，政府行为又可称为政府经济，指政府组织通过采取适当的经济政策与制度等干预措施，对市场资源配置进行优化，进而达到市场供求平衡、经济持续稳定增长、社会公共利益最大化的最终目标。在市场经济运行过程中，政府与市场都不是完美的，我国产能过剩是市场失灵和政府失灵的共同产物。因此，本书基于政府行为理论，分析在以中央政府宏观调控为去产能的前提下，中央政府、地方政府、生产企业、企业职工及金融机构等利益相关者的利益属性、利益关系及策略行为变化，并构建相应的协调机制。

第二节　研究综述

一、文献数据来源与方法工具选择

虽然去产能定性文献研究为后续研究提供了整体性认识，但却难以历史性地反映去产能研究热点、重点的动态演变过程。因此，为更加系统而全面地呈现近十五年来我国去产能研究发展的脉络，本书利用 CNKI 数据库的文献数据和 CiteSpace V 软件，通过去产能研究相关的文献年限、作者机构和关键词共现等方式和方法，对中国去产能研究进行可视化分析，全方位地呈现其基本的研究现状、前沿、热点、主题和演进趋势，为经济新常态和供给侧结构性改革背景下的去产能研究提供理论参考和借鉴。CNKI 收集了各种期刊、论文、专利年鉴等，是文献研究的重要数据来源，深受国内学者的喜爱（刘鸿渊等，2018）。CNKI 数据库中的文献质量因收录期刊类别不同而存在着一定的差异。相比其他文献，在 CNKI 数据库中的核心期刊和 CSSCI 来源期刊的文献具有较高的学术水平和理论价值已成为社会共识，因此在本次去产能文献数据收集过程中，首先通过高级检索设定文献类型为期刊，将"产能研究""去产能"设定为检索主题，共检索到 6063 条文献数据，通过人工剔除通知、访谈、书评等非学术论文和非社会科学领域的相关文献，得到 1932 条有效数据来源，再将数据转换成 UTF-8 数据格式，以便 CiteSpace V 软件识别，从而建构起去产能文献知识图谱分析和数据库，如表 2-1 所示。

表 2-1　去产能研究文献数据获取资料

检索科目	检索内容及结果
数据获取时间	2021 年 12 月 20 日
文献检索时间范围	2004—2021
数据库	中国知网（CNKI）
文献数据类型	全网中文核心期刊和 CSSCI 来源期刊
文献检索主题	产能过剩或去产能研究
文献检索结果	1932 条（涵盖文献名称、研究机构、发文作者、基金项目、关键词、参考文献等）

完整地展现去产能研究的热点、重点、前沿、趋势、作者结构等方面的信息是去产能研究文献计量分析的主要内容，这离不开相关的方法和工具选择。知识图谱分析以寻径网络算法与共引分析理论为基础，通过对相关的研究文献数据的计算，将其转换成二维平面图形或三维立体图形，动态、全面地呈现出相关研究主题的演变过程和规律，是一种被国内外学者普遍采用的文献计量研究方法和数据挖掘技术。知识图谱分析本质上是对文献进行的一种可视化分析，可以完整地实现去产能文献计量研究目的。因此，本书选择了知识图谱分析方法并辅以 CiteSpace V 分析软件展开相关研究工作。

二、去产能研究文献特征分析

（一）去产能研究文献时间特征分析

从文献学视角看，文献时间特征可以充分地反映一个学术研究主题的缘起与持续性。图 2-1 反映了 2004—2021 年产能与去产能 CNKI 核心期刊和 CSSCI 来源期刊发文数量，由此可将产能与去产能研究划分为四个阶段。一是缘起阶段。2004 年去产能等词开始在学者的文献中出现，一直持续到 2012 年，共历时 9 年。因去产能与产能的特殊关系，发表产能研究或去产能的学术期刊不仅相对较少且涉及领域宽泛，而且高影响力的专业研究团队也尚未形成。二是快速成长阶段。从 2013 年开始到 2017 年的 5 年里，发文期刊和文章数量呈快速增长状态，其可能的原因是国家经济模式的转变和相关政策的调整使现实中的产能过剩现象日渐严重，其引发的社会矛盾进一步激化，引起了学术界的高度关注。围绕国家层面的产能政策的贯彻落实不仅形成了大量的相关研究成果，而且具有影响力的研究机构和学者也随之成形和出现。三是下降滞缓阶段。在 2018—2021 年的研究中，去产能相关研究逐步衰退，主要原因是在 2018 年我国提前完成了"十三五"期间的去产能任务，去产能导致的社会经济问题在很大程度上得到解决，国家供给侧结构性改革工作任务和重点也在逐步调整，因此，学界关于去产能的发文量开始大幅度下降。今后，关于去产能政策效果评价及优化的研究将呈现不断增多的态势。

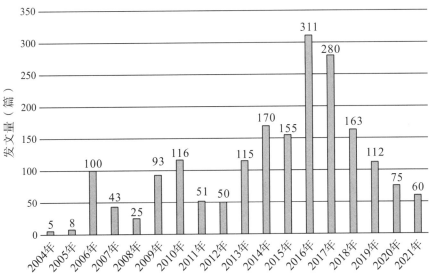

图 2-1 2004—2021 年产能与去产能 CNKI 核心期刊和 CSSCI 来源期刊发文数量
注：2021 年数据截至为 2021 年 12 月 31 日。

（二）去产能研究的核心作者分析

2004—2021 年，围绕去产能研究形成了一批在国内有影响的核心作者，他们的研究成果不仅丰富了去产能研究的理论，而且极大地扩大了去产能研究的社会影响。为对去产能研究的核心作者进行分析，本节把从 CNKI 核心期刊和 CSSCI 来源期刊中获取的数据按照 CiteSpace V 软件计算的要求，输入 CiteSpace V 数据库中，以 2004—2021 年为时间范围，将"Author"设置为节点类型，经过不断反复地调试，在其他值为系统默认的情景下取阈值"TOPN"为 50，共生成节点 610 个，作者连线 219 条，如图 2-2 所示。

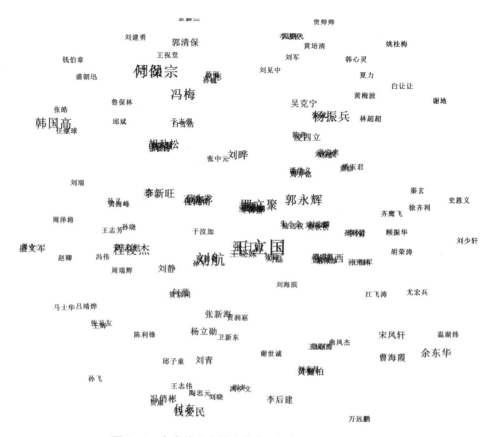

图 2-2　去产能研究核心作者可视化分析的知识图谱

从图 2-2 可知，对去产能研究影响较大的核心作者应首推东北财经大学的王立国。王立国是国内较早研究产能与去产能的一批学者。从 2010 年他在《企业经济》第 6 期发表的《重复建设与产能过剩的双向交互机制研究》论文开始到 2021 年他在《经济与管理研究》第 6 期发表的论文《国有经济、地方政府行为与资本退出——兼论工业部门"去产能"的体制性障碍》，王立国共发表去产能相关论文 17 篇，从产能过剩的测度、波动、成因等多个层面对钢铁行业、铝加工业、光伏产业、多晶硅行业等行业和工业企业产能过剩的成因进行系统的解释，分别从地方政府行为、企业投资与体制和产权结构等角度，提出各行业产能过剩的治理对策，拓宽了人们去产能的思路。中国宏观经济研究院产业发展研究所的付保宗是另一位去产能研究的核心作者。付保宗和另一核心学者周劲（国家发展和改革委员会产业经济与技术经济研究所）从 2007年开始，集中研究了我国工业领域产能过剩的形成机制，并提出了相关对策建议。如以河北省唐山市为案例的研究不仅系统地分析了钢铁大市（唐山市）产能过剩的主要原因、所面临的系统性风险，而且认为坚持以行政指令和市场倒逼双管齐下的治理方式为主、辅以社会援助将有助于降低和化解去产能过剩而引发的社会风险。西安交通大学的刘航是去产能研究领域中另一位核心作者，其主要的研究成果体现了实证主义特征，研究角度集中在从出口波动和要素配置调节角度解释产能过剩的成因上，认为促进要素推动型产业增长，发挥市场机制作用，让微观主体借助技术进步优化配置要素、理性投资和高效利用产能是去产能的主要措施（刘航等，2016、2017）。杨振兵、冯梅、程俊杰、余东华、付东、胡劲松等作者分别从地方政府行为、中外合作、产业政策、要素资源配置、产能利用率、价格约束等方面对产能过剩成因和治理进行了系统而全面的研究。郇文聚、郭永辉、张华西等其他核心学者关注的主要问题则是新形势下的产能核算、规划、评价等技术层面的问题。

（三）去产能研究机构分布分析

从由 CiteSpace V 软件分析生成的图 2—3 和表 2—2 数据可知：在国内具有较强影响力的去产能的主要研究机构分布情况。从主要的研究机构合作网络看，东北财经大学投资工程管理学院和国家信息中心经济预测部是去产能相关研究领域内发文数量最多的研究机构，占据了并列第一的位置。南开大学经济学院、中国社会科学院工业经济研究所、西安交通大学经济与金融学院、上海交通大学安泰经济与管理学院、中国人民大学经济学院、中国矿业大学管理学院、西北师范大学经济学院、中南大学商学院、北京科技大学东凌经济管理学院、中国社会科学院研究生院等则属于第二方队，在去产能相关研究领域优势明显，占据了重要地位。从主要研究机构的节点强度来看，东北财经大学投资工程管理学院和东北财经大学经济学院有直接节点链接，且它们隶属同一所大学；南开大学经济学院和中国人民大学经济学院之间存在着合作，它们同处于我国华北京津冀的"首都经济圈"，具有地域相关性。总体来看，去产能主要研究机构具有内部协作分工和地域相近合作的特点。

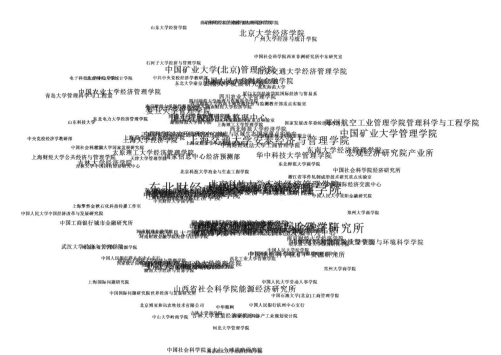

图 2-3 去产能研究机构合作网络与节点分析

表 2-2 去产能研究发文高频机构分析

频数	研究机构
20	东北财经大学投资工程管理学院
20	国家信息中心经济预测部
18	西安交通大学经济与金融学院
15	中国人民大学经济学院
13	宏观经济研究院产业所
12	中国社会科学院工业经济研究所
11	南开大学经济学院
10	南京大学经济学院
9	北京大学经济学院
8	中国矿业大学管理学院
8	西北师范大学经济学院
6	中国国际经济交流中心
6	中南大学商学院
6	武汉大学经济与管理学院

续表

频数	研究机构
6	东南大学经济管理学院
5	上海交通大学安泰经济与管理学院
5	中共中央党校经济学部
5	中国社会科学院经济研究所
5	北京科技大学东凌经济管理学院

三、去产能研究的知识演进分析

核心文献、高被引核心文献分析是去产能研究知识演进分析的核心内容。通过设置"keyword"为 CiteSpace V 软件节点类型，以 2004—2021 年为时间范围，将阈值设定为（2，2，20）、（4，3，20）、（4，3，20）后反复调试，选择寻径算法（Path Finder），生成去产能研究的关键词共现时区视图，如图2-4 所示。

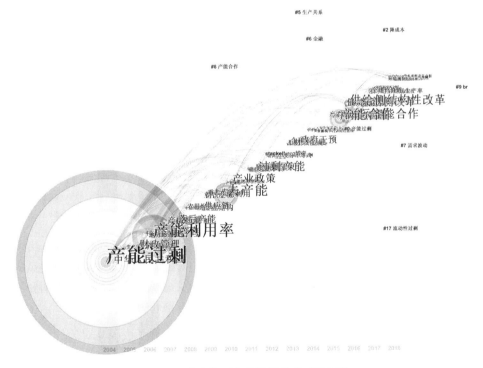

图 2-4　去产能研究关键词共现时区图谱

（一）早期去产能研究的知识演进特征分析

去产能是与产能过剩相对而言的概念，产能过剩和去产能研究兼具理论性和现实性，是社会实践需要和理论构建互动作用的结果，且两者在互动过程中得以相互强化和发展。改革开放以来，我国曾长期追求高速度的经济增长，经济高速增长成为政府经济发展的首要任务。政府政策与不断扩大的市场需求共同刺激了各行业产能建设。高速的经济增长在促进经济社会发展的同时引发的弊端也开始逐步显现，这引起了广大学者的关注。

2004年阿铭（2004）首次指出由于国内钢铁、电解铝、水泥三大行业的"投资潮涌"，致使政府开始实施货币紧缩政策，政府的货币紧缩政策的直接结果是三大行业价格的高位震荡，并推测三大行业产能过剩问题可能在2005年暴露，应引起重视。胡川（2005）认为产能过剩是市场经济条件下的一种普遍经济现象，市场能够促使企业自发调整，从而化解产能过剩，因而政府不应过多干预。2006年，我国多个行业产能过剩问题日益突出，产能过剩开始成为学术界关注的热点。刘西顺（2006）从中观和微观两个层面分析指出，我国产能过剩的根本原因是过度投资与资源分配的不合理，产能过剩主要表现为大中型企业的生产资料过剩、中小及民营企业的"产能损耗"和银行的流动性过剩。张保权（2006）认为由过度投资驱动和市场激烈竞争导致的产能过剩会对我国经济带来消极影响，甚至可能引发通货紧缩风险，因此，为避免不利影响和防范风险，除调整产业结构与转变增长方式外，可通过建设社会主义新农村来扩大国内市场消费需求，化解产能过剩。2007年以后，郑文（2007）等基于经济学行业产能过剩—市场均衡—再过剩—再均衡的理想循环模型，认为虽然信息不完备、行业进出壁垒、各类成本不一致等因素致使现实市场不完全符合理想模型，但政府可基于此模型充分运用经济手段，引导产能过剩问题向良性方向发展。王宏英和曹海霞（2007）认为完善市场退出机制、政府管理体制、财税体制、金融信贷体制等有效的宏观调控政策，可以在一定程度上遏制过度投资而引发的产能过剩。2008年随着全球金融危机的爆发与扩散，国内经济增长开始出现下滑趋势，进一步深化了人们对金融危机与产能过剩关系的认识。苏剑（2010）认为产能过剩是金融危机产生的根本原因，缓解或消除金融危机必须从化解过剩产能入手，国家应当采取紧缩货币、调整产业结构等宏观政策。由此可见，早期阶段，去产能研究基本上遵循了成因与对策的研究思路，多以产能过剩的产生原因和治理措施为核心研究内容，其研究层次以宏观为主、中微观为辅。

（二）近年去产能研究的知识演进特征分析

2013 年以来，随着"一带一路"倡议、供给侧结构性改革等国家重大举措的提出，高效去产能逐渐成为学者们关注的焦点。时磊（2013）从微观企业角度进行的实证研究发现企业长期债务和商业信用对企业产能过剩具有显著的正向影响，这一研究结论说明"所有制歧视"和"规模歧视"导致中国资本市场的进一步扭曲，并通过"所有制传递机制"和"规模传递机制"加重了产能过剩，改善要素市场扭曲应成为去产能的政策要点。基于我国基本国情，杨振（2013）认为政府干预和产业政策对微观企业市场进出决策的激励扭曲是产能过剩不断反复的原因，去产能的核心在于供给体系的优化。郭宏等（2016）以河北钢铁行业为案例，认为钢铁企业可以充分合理利用跨国投资与合作，不仅可有效消化国内过剩产能，而且可以促进企业重组与良性发展。卓丽洪、贺俊等（2015）也认为以产能合作的方式进行产能国际转移，能够高效地化解国内过剩产能。史珍珍、段宜敏（2017）通过分析河北、吉林、四川等 5 个省去产能职工的分布状况，指出在去产能过程中，职工再就业受到性别、年龄、技能等因素的显著影响，应对"自谋出路"和安置就业的职工制定差异化政策。基于以上阐述可知，近年去产能研究已不再仅局限于去产能的形成机制、宏观调控措施等方面，而是结合宏微观两个层次开始对去产能路径和相关政策实施过程中可能引起的利益调整问题进行具体研究与阐述，其问题的解决已不再仅局限于单一的国内市场，而将去产能纳入"一带一路"倡议实施框架内的国际产能合作中，其视野更为开阔。

四、去产能研究热点与前沿分析

（一）去产能研究热点分析

在文献计量研究中，关键词可以充分体现研究热点。关键词是作者在研究过程中提炼出来的，旨在反映其研究核心内容与方法。关键词不仅便于文献储存与检索，而且集中体现了某一特定研究领域的研究热点。在文献计量研究中，人们通常采用聚类分析方法，统计分析某一特定研究领域的关键词共现的词频，从而达到展示某一特定研究领域的研究热点变化规律的目的。本节以"keyword"为节点类型，以 2004—2021 年为时间范围，选择寻径算法（Path finder）并进行反复调试，生成去产能研究领域内的关键词的共现知识图谱和高频、高中心度的关键词，其结果参数中：聚类模块值（Q 值）为 0.6704，表明聚类结构显著；聚类平均轮廓值（S 值）为 0.9437，表明此次聚类运算结果是可靠的，具体结果如图 2-5 和表 2-3 所示。基于图 2-5 所呈现的去产能研究关键词知识图谱和表 2-3 的关键词出现频数、中心度数据，可以将 2004—2021 年国内去产能的研究热点概括为以下三类。

1. 产能过剩与产能利用率

产能过剩是指长期均衡中的实际产量高于成本最低产量或最佳产量。从供需平衡角度分析，产能过剩是相对的，指特定产品在特定时期的生产超过了其市场需求。产能利用率是衡量产能过剩的一个重要测度指标，可以有效地判定实际生产能力的利用状况，其数据来源方法主要包括调查法、峰值法、函数法和数据包络分析等方法。要素定价机制不合理、投资结构与主体失衡为我国出现产能过剩的主要原因（邹新等，2010）。中国的产能过剩是市场经济体制下的正常现象，受高利润的驱动，企业固定资产的过度投资是形成产能过剩的深层次原因（韩国高等，2011）。在我国财权分权背景和"政治锦标赛"背景下，部分地方政府为了自身利益展开激烈竞争，一方面进行重复建设致使生产利用率低下；另一方面利用各类优惠政策招商引资，导致投资"潮涌"和市场分割，从而加剧了产能过剩（王立国，2010）。马昊等（2017）利用制造业面板数据进行实证研究，表明产业集聚度与产能利用率呈"倒 U"形关系，即集聚推进所产生的正外部效应提高产能利用率，反之负外部效应则降低利用率。黄秀路等（2018）学者基于动态 DSBM 模型，指出我国工业整体平均产能利用率具有顺周期性，且我国的产能过剩具有地区异质性，即东部产能利用率偏高，中西部偏低，中西部地区产能过剩现象较为严重。

2. 供给侧结构性改革与去产能

为适应中国经济发展新常态和缓解经济社会结构性矛盾对中国经济增长带来的不利影响，2016 年国家提出了供给侧结构性改革方案，客观上提供了去产能研究的政策背景。因此，围绕供给侧结构性改革的政策要求，去产能研究先后出现了去库存、去杠杆、降成本、补短板等热词。这些研究旨在调整优化经济结构，实现要素的最优配置的去产能在政策目标上与供给侧结构性改革的契合性。化解我国整体产能过剩问题，关键在于供给结构优化与供给效率提升，而我国钢铁、电解铝、水泥三大行业治理产能过剩收效甚微，原因在于其治理逻辑是基于产能供给管制体系（杨振，2016）。陈爱雪（2016）以我国钢铁行业为例，在结合其发展历程及各时期相关政策的基础上，认为我国钢铁行业应强调"提质减量增效"，应以转型和升级为重点进行去产能。要素市场扭曲引起企业投资决策和退出决策的扭曲，从而形成了产能过剩，因此，逐步消除导致要素市场扭曲的内在动力源，进一步完善要素市场的体制和机制是化解产能过剩、完成去产能的有效手段（秦黎丽，2017）。林陟峰、何维达（2018）采用结构方程模型对北京一般制造业进行研究，发现由于技术效率的差异与恶化，北京市一般制造业全要素生产率在2000—2014年逐年下滑。此外，各细分产业的全要素生产率存在较大差异，这导致了行业内产能过剩程度的不同，进一步深化了人们对去产能复杂性的认识。

3. 去产能政策绩效

与产能过剩的累积形成过程一样，去产能也是个循序渐进的过程。去产能不仅要化解我国多年积累的过剩产能，而且还要不断培养、建设创新产业或高新行业的产能，去产能与产能建设是同步的。因此，不同因素对去产能的影响机理是所有去产能研究的核心和关键。在王立国等（2014）、张德刚（2017）、莫小东（2017）、李后建（2017）、郑慧（2017）等人看来，企业投资、信贷风险、政府行为监管与补贴、企业创新、职工的分流安置等都会对去产能过程中的主体行为动机产生影响，去产能的政策效应取决于地方政府、企业、社区、职工等利益相关者的成本收益函数和合作情景，主体行为动机和合作情景也会对去产能的政策绩效产生直接或间接的影响。这些因素交互作用，导致去产能过程中对不同层面、不同空间的不同主体采取异质性行动，从而对国家层面的去产能政策绩效产生影响。

去产能研究关键词的共现知识图谱见图2-5。

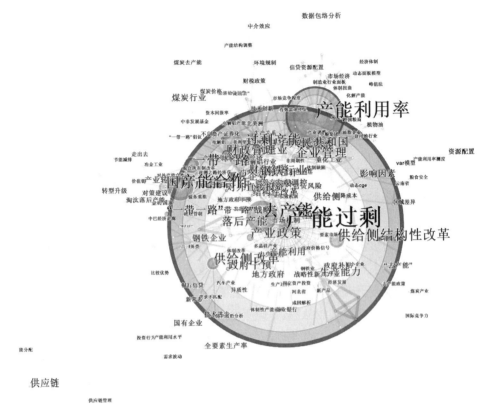

图 2-5 去产能研究关键词的共现知识图谱

去产能研究排序前 25 的高频、高中心度关键词见表 2-3。

表 2-3 去产能研究排序前 25 的高频、高中心度关键词

频次排序				中心度排序			
序号	关键词	频次	中心度	序号	关键词	频次	中心度
1	产能过剩	1227	1.47	1	产能过剩	1227	1.47
2	去产能	178	0.25	2	去产能	178	0.25
3	同比增长	41	0.14	3	同比增长	41	0.14
4	产业政策	36	0.03	4	钢铁行业	31	0.07
5	僵尸企业	34	0.06	5	CPI	21	0.07
6	制造业	33	0.05	6	僵尸企业	34	0.06
7	钢铁行业	31	0.07	7	制造业	33	0.05
8	宏观调控	25	0.04	8	政府干预	21	0.05

续表

频次排序				中心度排序			
序号	关键词	频次	中心度	序号	关键词	频次	中心度
9	新常态	23	0.02	9	兼并重组	17	0.05
10	政府干预	21	0.05	10	过剩产能	17	0.05
11	CPI	21	0.07	11	实体经济	15	0.05
12	供给侧	20	0.02	12	GDP	14	0.05
13	生产能力	19	0.03	13	宏观调控	25	0.04
14	兼并重组	17	0.05	14	扩大内需	15	0.04
15	过剩产能	17	0.05	15	产业政策	36	0.03
16	实体经济	15	0.05	16	生产能力	19	0.03
17	煤炭行业	15	0.02	17	新常态	23	0.02
18	扩大内需	15	0.04	18	供给侧	20	0.02
19	GDP	14	0.05	19	煤炭行业	15	0.02
20	技术创新	14	0.01	20	产业结构	14	0.02
21	保增长	14	0.01	21	去库存	13	0.02
22	去杠杆	14	0.01	22	技术创新	14	0.01
23	产业结构	14	0.02	23	保增长	14	0.01
24	产业升级	13	0.01	24	去杠杆	14	0.01
25	去库存	13	0.02	25	产业升级	13	0.01

（二）去产能研究前沿分析

研究主题的最新研究动态和进展集中体现在其研究前沿的变化上，而关键词出现频率的动态变化是研究前沿特征的重要材料。为准确反映去产能研究的前沿特征，此处重点关注了2015年以来开始出现的突变词，以此为基础对去产能研究前沿形成总体把握。在CiteSpace V软件中，将"keyword"设置为"node types"，并利用控制面板中的"burstness"功能绘制关键词突变率的知识图谱。在按照年份顺序截取2004—2021年开始出现的部分突变词，生成去产能研究主题词突变知识图谱基础上，进行强度分析并咨询专家意见，得到2004—2021年去产能研究的主题词突变，如图2-6所示。

Keywords	Year	Strength	Begin	End	2004—2021
生产能力	2004	5.68	2005	2010	
同比增长	2004	6.84	2006	2013	
宏观调控	2004	4.23	2006	2008	
CPI	2004	4.51	2008	2011	
扩大内需	2004	7.05	2009	2010	
保增长	2004	6.49	2009	2010	
重复建设	2004	6.4	2009	2011	
民间投资	2004	3.95	2009	2013	
经济危机	2004	3.93	2009	2010	
风电设备	2004	3.37	2009	2010	
GDP	2004	3	2009	2010	
工信部	2004	3.55	2010	2013	
总需求	2004	3.25	2010	2012	
光伏产业	2004	4	2013	2015	
新常态	2004	7.6	2015	2017	
去产能	2004	41.16	2016	2021	
僵尸企业	2004	7.51	2016	2021	
去杠杆	2004	5.69	2016	2017	
去库存	2004	5.28	2016	2017	
煤炭行业	2004	4.01	2016	2017	
降成本	2004	3.65	2016	2017	
技术创新	2004	5.68	2018	2021	
中介效应	2004	4.03	2018	2021	
政府补贴	2004	3.48	2018	2019	
环境规制	2004	3.17	2018	2021	

图 2-6　去产能研究关键词突变知识图谱

1. 去产能与结构性改革

为了适应中国经济"新常态"的变化，国务院做出了供给侧结构性改革的决定，并且将"去产能"作为结构性改革的首要任务，这引发了广大学者对去产能的相关政策、去产能与供给侧结构性改革关系的关注，去产能与供给侧结构性改革成了研究前沿。基于我国宏观经济问题的周期性和结构性矛盾突出的特征，去产能路径的选择应从劳动力、资本、创新和政府四方面进行考量，形成去产能利益主体的一致性集体行动（李停，2016）。地方政府在去产能中有明确的利益，在去产能过程中也发挥着重要的作用，基于自身利益，地方政府可能会采取对不同企业实施不同策略的偏差性行为，从而导致去产能进程中金融风险、失业风险、产业转换断档风险和社会风险加大，因此，防范风险的形成和化解各类风险是去产能进程中必须思考的问题（张杰、宋志刚，2016）。

我国制造业的市场集中强度与产能利用率之间存在显著的"U"形关系,在供给侧结构性改革背景下,应兼顾市场开放程度和市场集中程度,在制造业增量与存量两个方面同时做好去产能工作(李太平、佘正昊,2018)。

2. 国际产能合作与去产能

在经济全球化和"一带一路"倡议背景下,去产能应有更开阔的视野,企业之间的跨国产能合作将有利于国内去产能工作的顺利实施。至 2016 年始,国际产能合作研究成为去产能研究的前沿话题。立足于国际产能合作取得的成效,曲凤杰等(2017)学者对来自亚、非、欧、拉美等地区的政府工作人员进行问卷调查,发现东道国自身基础设施状况和营商环境较差将明显制约国际产能合作,同时中国企业核心竞争力偏弱与知名度偏低等因素也会影响最终合作成效,在国际产能合作中去产能存在着合作方选择和自身能力建设两个方面的问题。卓丽洪等(2015)认为,在国内各种产能治理政策收效较差的情况下,利用产能合作的方式进行产能国际转移不仅可以有效化解国内产能过剩,而且也为我国巨额外汇储备的利用找到了创新的投资渠道。国际产能合作应注重合作方式,正确的合作方式选择将有利于去产能政策的落实。基于"一带一路"倡议契机,如果中国传统产业采取对外投资为主、产品贸易为辅的策略,那么其产业效益将会得到明显提升,其过剩产能也将得到有效化解(刘瑞、高峰,2016)。

3. 财政金融政策与去产能

一般而言,财政金融政策是产业政策的核心。在化解国内产能过剩的进程中,财政金融政策具有举足轻重的作用,充分发挥财政金融政策的作用将有利于促进去产能各项工作的顺利开展。魏琪嘉(2013)认为加强金融监管、设立企业进出帮扶基金和充分利用并购市场等措施均可在一定程度上有效治理过剩产能。何华武、马国贤(2017)认为当政府增加财政投资时,"信贷效应"传导机制会导致生产资料部门产能过剩,进而使得相对价格下降,最终出现 CPI 持续增长而 PPI 下降的现象,合理利用财政政策将有助于去产能工作的顺利实施,加强政府财政投资的监管将在源头上控制产能过剩。基于纵向产业结构的视角,实证研究发现财政政策扩张对上下游部门的产能利用率具有显著的差异化影响,财政政策与信贷因素是产能过剩的重要原因,去产能的有效之道应同时兼顾上游部门过剩产能的淘汰和下游部门的激活,双管齐下才能达到标本兼治的目的。

（三）去产能研究趋势分析

一是国内去产能研究先后经过了缘起、快速成长和滞缓三个阶段，其间产生一批重要学者和有影响的机构，他们对去产能的研究深化了人们对产能过剩的形成和治理复杂性的认识，其中王立国、付保宗、周劲、刘航、杨振兵、程俊杰、冯梅、郭永辉、胡劲松等学者是去产能研究领域里具有重要影响的一批学者，学术影响较大。东北财经大学投资工程管理学院、南开大学经济学院、中国社会科学院工业经济研究所、西安交通大学经济与金融学院等是产能与去产能相关研究领域中具有重要影响的机构。

二是去产能的研究对象、研究主题动态变化趋势明显。基于关键文献内容分析，去产能研究的演化路径清晰；研究对象从最初的产能过剩形成机理探究到供给侧结构性改革背景下的高效化解途径研究；研究方法从单一的定性归纳演绎研究逐渐转变为理论与实际相结合；研究角度也从宏观层面的去产能政策措施、策略选择研究转向中微观层面的企业产业结构调整优化、财政金融支撑、职工安置、风险防范和政府与市场的合理分工等。产能过剩的形成机理、不同行业的去产能途径、企业产能利用率、不同改革情景下的宏微观调控机制构建与途径选择始终贯穿了整个去产能研究的过程。

三是国家相关政策主导着去产能研究的热点和前沿。关键词共现和突现词分析显示，中国去产能研究主要的研究热点有产能过剩、产能利用率、去产能、产能合作；研究前沿集中在去产能、结构性改革、产能合作、财政金融等方面，在不同阶段和不同时代背景下，如何高效化解产能过剩、推进我国经济健康可持续发展是研究前沿和热点变化的根本，以满足不同阶段国家经济发展的现实需要为研究目的的特征十分明显。

（四）研究评述

以我国经济进入新常态为基本判断，产能过剩是发展不平衡不充分的具体表现，去产能是化解因产能过剩治理而引发的社会主要矛盾、促进经济社会健康发展的必然要求。高效化解过剩产能将有利于经济结构性矛盾的缓解，推进我国经济社会的良性发展，具有重要的现实意义。目前，中国去产能是以供给侧结构性改革和经济全球化为背景的，去产能进程涉及多方利益主体，具有明显的外部性，因去产能的外部性而引发的利益矛盾关系势必会对国家相关干预政策产生影响，必须引起社会各界的重视，值得深入探讨研究。现有的去产能研究的知识图谱分析结果表明，去产能进程中的利益矛盾关系及协调机制的构建存在不足，并没有引起国内学者的重视，难以对去产能政策效应不佳做出合理解释。因此，在对去产能进程中的利益主体、矛盾关系类型和演化规律进行系统研究的基础上，构建起利益协调机制，将进一步深化人们对去产能的认识，其结果将有利于高效化解过剩产能，有利于推进我国经济社会高质量发展的政策措施的制定，理应成为新形势下去产能研究的重点。

第二篇　去产能进程中的利益关系与属性研究

去产能是对产能过剩的系统性治理，是党和国家确定的五大结构性改革的首要任务，是破解我国重大结构性失衡的核心内容，事关我国经济、政治、文化、社会和生态建设目标的实现。企业的关、停、并、转不仅影响到企业本身生存发展、企业职工就业安置，还会对社区稳定和地方政府的财政收入等产生一系列影响，具有显著的外部性。去产能的外部性表明，去产能的本质是一个主体利益关系的动态调整过程，对主体利益关系的认识是产能过剩治理的基础，因此，在去产能过程中，认识清楚去产能将涉及哪些利益相关者、不同利益相关者的关系结构有何不同、其利益的基本内涵是什么、具体表征为何等问题是认识利益相关者利益矛盾关系演化规律及策略行为选择的前提。本课题从去产能的外部性角度构建起了一个包括中央政府、地方政府、生产企业、企业职工、金融机构等的利益相关者集合，从合法性、影响性和紧迫性三个维度对去产能进程中的利益相关者进行了类型化研究，围绕利益的"主体、事件和对象"三大要素，将利益相关者利益目标诉求融入"五位一体"的总体布局中，对利益相关者利益诉求进行了程度大小的刻画和比较，揭示了不同利益相关者在去产能进程中的不同目标内涵特征。

第三章　去产能进程中的利益主体属性研究

如前所述，我国产能过剩有其独特的形成机理。回顾历史，从 20 世纪末到 21 世纪初，我国曾经对产能过剩进行过多次集中治理，但治理效果不理想。究其原因，就是在以往产能过剩的治理过程中没有从根本上消除产能过剩的诱因。从供给侧结构性改革的任务来看，去产能具有典型的外部性，不仅涵盖个体层面生产企业的生产布局、生产方式及生产规模等方面的变化，也涵盖国家层面生产关系的重构，涉及众多利益相关者。准确识别出去产能进程中的利益相关者有利于从根本上消除产能过剩的诱因。本章首先根据弗里曼（Freeman）对利益相关者的定义识别去产能进程中的利益相关者，并分析这些利益相关者在去产能进程中的定位，在此基础上，从合法性、影响性、紧迫性三个属性维度对利益相关者进行分类，运用立体图形刻画利益相关者的属性维度，并构建去产能进程中的利益相关者图谱。

第一节　去产能进程中利益相关者内涵分析

"利益相关者"一词最早出现在企业管理领域，1984 年弗里曼在《战略管理：利益相关者管理的分析方法》一书中提出利益相关者管理理论，该理论后被广泛应用于经济社会公共治理领域。弗里曼（1984）认为利益相关者是指能够影响组织目标实现过程与结果的团体或个人，或者在组织目标实现过程中受到影响的团体或个人。从该定义可看出，利益相关者至少有三个方面的内涵：第一，利益相关者的存在必须围绕某一具体经济实践活动，将利益相关者独立出某一具体经济实践活动来谈，利益相关者将没有任何意义；第二，利益相关者与组织目标的实现相互影响，即组织目标的实现会影响利益相关者行为，利益相关者行为也会影响组织目标的实现；第三，利益相关者可以是具体的某一个人，也可以是具有相同利益属性的群体或者集体。

虽然弗里曼对利益相关者的理解基于企业管理视角，但同样可以用于政府管理领域。借鉴弗里曼对企业治理中利益相关者的定义，去产能过程中的利益相关者可界定为：能够影响去产能目标实现的团体和个人，或者在去产能目标实现过程中受到影响的团体或个人。去产能利益相关者内涵也可以从三个方面进行理解：第一，去产能利益相关者必须围绕去产能这一具体经济实践活动进行分析。第二，在实现提高产能利用效率、优化产能结构及建立公平竞争市场机制的目标过程中，去产能会对政府、生产企业、企业职工及金融机构等利益相关者造成影响，同时，政府、生产企业、金融机构及职工等利益相关者行为变化会对去产能进程及上述目标实现产生深刻影响。第三，在去产能进程中，宏观层面上的利益主体是具有某些相同属性的群体，如追求整体利益的政府、追求经济利益的生产企业和企业职工；微观层面的利益主体就是指某一具体的个体，如钢铁、煤炭及水泥等产能过剩行业内的某一家具体的企业。

第二节　去产能进程中利益相关者分析

根据我国去产能进程的具体实践和相关学术研究，我国去产能进程中的利益相关者有中央政府、地方政府、生产企业、企业职工、金融机构、上游企业、下游企业、企业工会、新闻媒体、仲裁机构、社会公众等（顾振华、陈强远，2017；赖红露、熊璞真，2009；夏宁、王哲，2015；李垚等，2018；李晓斌，2015；刘雪、张世青，2020；詹婧等，2019；闫利民，2018）。这些利益相关者处在去产能进程中的不同环节，分析其在去产能进程中发挥的作用，对于甄别去产能进程中的主要利益相关者有重要的作用。

一、中央政府

在去产能进程中，中央政府是最重要、最核心、权力最大的公共权威机构。凯恩斯的国家干预主义认为当市场失灵可能造成严重灾难时，则应当支持政府干预市场（诺兰等，1996；于俊文，1987），但政府干预也可能导致更加严重的市场失灵（陈振明，1996）。在我国代表中央政府公共机构的部门中，国务院、国家发展改革委、工信部、财政部、自然资源部、资源环境部、人力资源和社会保障部等机构是去产能行动的主要参与者。中央政府在去产能进程中充当着多种角色，从去产能的进程来看，事中主要为去产能行为领导者、规制制定者和过程监督者，事后主要为行为领导者、效果评价者及政策修正者。

中央政府在去产能进程中的角色形态如图 3-1 所示。

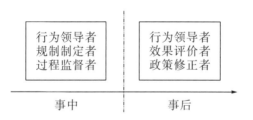

图 3-1　去产能进程中中央政府的角色形态

第一，中央政府是去产能的领导者。任何大型计划的执行都需要领导者。领导权不属于具有领导能力的个人，而是公共机构拥有的一项管理职能。产能过剩这种市场失灵现象为政府干预市场提供了合理的机会；中央政府拥有雄厚的财政资源、行政资源和法律资源，具有很强的资源汲取能力、社会整合能力和政策执行能力，这确立了中央政府领导者的地位。在去产能的不同阶段，中央政府会确定不同的目标与价值导向，开展一系列旨在提高去产能效率的组织、协调、沟通及控制等管理工作，在规制设计、政策制定、资源分配、措施选择或流程规范等方面都表现出极强的领导力，并通过沟通教育、法律规制、政策手段等对潜在利益相关者施加强大的影响。

第二，中央政府是去产能规制的制定者。无论是"囚徒困境"，还是"集体行动逻辑"，都与中央政府"公共人"的价值取向相违背，但市场规律又要求中央政府的权力不能直接控制潜在利益相关者，因此，中央政府有责任和义务通过制度安排确保市场有效运行和资源科学配置。"十三五"期间，中央政府出台了《关于钢铁行业化解过剩产能实现脱困发展的意见》《钢铁工业调整升级规划（2016—2020 年)》《关于在化解钢铁煤炭行业过剩产能实现脱困发展过程中做好职工安置工作的意见》《企业投资项目核准和备案管理条例》《关于进一步做好"僵尸企业"及去产能企业债务处置工作的通知》《关于去产能和调结构房产税城镇土地使用税政策的通知》《关于钢铁产能违法违规行为举报核查工作的有关规定》等多个去产能规范性政策文件，不仅为中央政府去产能政策的实施提供了方向，也成了潜在利益相关者行为选择的依据。

第三，中央政府是去产能过程的监督者。在社会经济发展和公共事务管理领域，中央政府与地方政府为"委托-代理"关系。在去产能进程中，中央政府一般将其去产能执行职能委托给地方政府，但一些地方政府有时会偏离中央政府预设的轨道，这就需要中央政府进行监督，以保证去产能政策执行的有效性。中央政府主要通过建立监督、问责机制和过剩产业生产监测机制来履行其监督职能。如成立去产能专项督查组，对地方加强执法和达标检查、建立公示规制，严防弄虚作假、死灰复燃，落实奖惩规制，并运用先进技术对去产能过剩企业进行监测，如自然资源部利用多源光学、热红外遥感影像数据，对885家钢铁企业及568家地条钢企业的用地情况及产能情况进行了监测与分析，为有关单位全面掌握我国钢铁厂数量及产能变化提供了重要数据与技术支持。

第四，中央政府是去产能效果的评价者。效果评价作为去产能最后一个环节具有重要的意义，是检验去产能政策有效性不可或缺的环节，主要内容是评估通过清理整顿违规产能、淘汰落后产能、增强企业创新驱动发展能力、调整优化产业结构、着力改善需求结构、巩固扩大国际市场及建立政府管理长效机制等多元化措施是否达到了产能规模基本合理、发展质量明显改善以及产品良性竞争局面的目标。中央政府需要建立一套包括评价主体、评价对象、评价标准、评价方法、评价内容的评价体系，从多个环节、多个维度、多个方面对去产能政策有效性进行科学评价，找出去产能进程中存在的问题，为提高去产能政策效率提供反馈意见。

二、地方政府

地方政府具有较大的公共权力，也是比较重要的公共机构。地方政府主要扮演代理中央政府职能的角色，行使政府公共职能，这对于中央政府去产能规划编制、规制制定、政策执行等都具有深刻影响，同时也会影响各级政府机构的责任、权力和利益格局。各级地方政府的财政能力、行政权力及统筹协调能力存在较大的差异，在去产能进程中表现出来的执行力度也各有不同。地方政府在去产能进程中也充当着多种角色，从去产能的进程来看，事中主要为地方规制制定者，事后主要为去产能效果的被考核者。地方政府在去产能进程中的角色形态如图3-2所示。

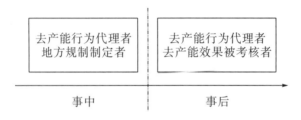

图3-2 去产能进程中地方政府的角色形态

第一，地方政府是去产能的代理者。这是地方政府在去产能进程中扮演的主要角色。中央政府将其去产能职能通过代理形式委托给地方政府，由于各地资源禀赋、经济发展、产业布局存在较大的差异，各地方政府将根据自身实际情况通过编制去产能规划、制定去产能方案、出台去产能政策以及进行去产能评价等形式去代理中央政府职能，如地方政府制定出台了《河南省推进供给侧结构性改革去产能专项行动方案（2016—2018 年)》《福建省煤炭去产能指标交易工作实施方案》《楚雄州"僵尸企业"及去产能企业债务处置工作的实施方案》《甘肃省人民政府办公厅关于印发甘肃省工业领域去产能去库存降成本实施方案》《西安市供给侧结构性改革去产能行动计划》《福建省 2019 年煤炭去产能工作实施方案》《鄂尔多斯市工业经济去产能工作总体方案》等。但是在这种"委托-代理"关系中，地方政府掌握更多的去产能信息，而中央政府则掌握较少，信息的非对称性可能导致部分地方政府有选择地报送利于其自身发展的去产能信息，从而导致中央政府去产能决策和执行偏差。在这种情况下，部分地方政府仍通过发放特殊财政补贴、放松环境监管、协调银行贷款等地方性措施保护本地"僵尸企业"。

第二，地方政府是去产能的被考核者。去产能进程中，中央政府主要通过专项考核和常规性考核两种方式对地方政府去产能政策执行情况进行考核。专项考核一般是指中央政府在制定去产能方案时，对地方政府执行设定的目标要求。如《2017 年钢铁去产能方案》和《2017 年煤炭去产能方案》对钢铁和煤炭行业产量及价格、下岗职工安置、债务处理等情况设置具体目标；在《关于做好 2021 年钢铁去产能"回头看"检查工作的通知》（发改办产业〔2021〕312 号）文件中，中央政府对地方政府提出了考核督察，涉及钢铁去产能的退出产能情况、项目建设情况及整改落实情况等指标。常规性考核指中央政府将去产能指标加入地方政府绩效考核体系，并以通告批评、行政处分及财政罚款等措施对地方政府行为进行约束。

三、生产企业

生产企业一般以"经济人"的形象出现，不管在市场机制还是政府机制情况下，其决策行为均以利益最大化为准则。生产企业在去产能进程中扮演着多种角色，对去产能进程和效果都有深刻的影响。从去产能的进程来看，生产企业事前主要为产品服务的提供者和产能过剩的造成者，事中主要为产品服务的提供者和去产能的准执行者，事后主要为产品服务的提供者和去产能效果的被检查者。生产企业在去产能进程中的角色形态如图3-3所示。

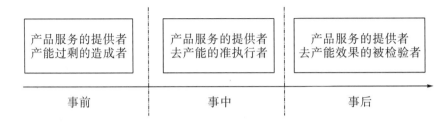

图3-3　去产能进程中生产企业的角色形态

第一，生产企业是产品服务的提供者。不管处在去产能进程的哪一阶段或时期，生产企业作为产品服务提供者的角色不会改变，也毋庸置疑。企业生产经营主要通过提供产品服务来实现。在我国快速工业化和城镇化的进程中，钢铁、水泥、煤炭等行业为我国铁路、桥梁、机械、房地产、汽车、船舶、家电、航空航天业的发展提供了大量的产品服务，在推动我国经济和社会发展方面发挥了重大作用。

第二，生产企业是产能过剩的造成者。钢铁、煤炭、水泥及电解铝等行业的生产企业数量很多，产品在质量、性能方面存在差异，一些生产企业具有控制市场价格的能力，而且生产企业比较容易进出市场，可以说钢铁、煤炭、水泥及玻璃等行业是典型的垄断竞争行业。改革开放以来，我国经济进入高速增长阶段，在工业化和城镇化过程中，钢铁、煤炭及水泥等产品的需求量大幅上升，地方政府为推动地方经济发展，也纷纷制定一系列优惠政策，大量生产企业在利益驱动和政策引导下进入了这些行业。但随着我国经济增长速度的放缓，钢铁、水泥、玻璃等市场趋于饱和，消费市场总需求量下降、需求结构变化，导致很多工业行业出现产能总量或产能结构性过剩现象（何维达、邱麟惠，2019；乔小乐、宋林，2019；赵宏中、闻劲哲，2017），以煤炭、钢铁等行业为代表的传统重化工业产能过剩问题尤为突出。

第三，生产企业是去产能的准执行者。在去产能进程中，中央政府委托给地方政府的去产能任务，最终落在具体的产能过剩企业上。生产企业以对去产能政策强度和市场价格的判断为主要行动依据，在市场机制和政府政策的双重影响下可能存在积极决策和消极决策两方面的选择。如果中央政府政策强硬，在激励机制和约束机制的影响下，一些生产企业会选择淘汰落后产能、升级技术及产品、企业兼并重组及开拓市场等积极行为，"僵尸企业"退出该行业，这将有助于去产能进程的顺利推进；如果中央政府政策软弱，一些生产企业在

"囚徒困境"的竞争格局下，对市场价格持有乐观态度，且与一些地方政府存在"合谋"行为，生产企业往往持"看谁笑到最后"的态度，这将不利于去产能进程的顺利推进。

第四，生产企业去产能效果的被检查者。检验去产能目标的完成情况，一是通过中央政府常规性检查，这主要是委托地方政府对当地企业进行自我检查；另一方面是通过中央政府成立专项督察小组进行检查。去产能目标的完成情况最终还是得看生产企业中的落后产能被淘汰情况、生产企业技术升级情况、企业兼并重组情况、"僵尸企业"市场退出情况、下岗职工安置情况等。如生产企业这些任务完成情况较好，表明去产能效果较好。如生产企业这些任务完成情况不好，一方面生产企业可能面临经济处罚；另一方面，中央政府会调整去产能政策，强化激励与约束机制。

四、企业职工

企业职工多以"经济人"形象出现，以自身利益最大化为目标。企业职工在去产能进程中扮演着多种角色，对去产能进程和效果都有一定的影响。从去产能的进程来看，企业职工事前主要为产品服务的生产者，事中主要为产品服务的生产者和去产能政策的接受者，事后主要为产品服务的生产者和去产能政策的评价者。企业职工在去产能进程中的角色形态如图3-4所示。

图3-4　去产能进程中企业职工的角色形态

第一，企业职工是产品服务的生产者。与生产企业一样，不管处在去产能进程的哪一阶段或时期，企业职工作为产品服务的生产者的角色不会改变，也毋庸置疑。企业职工收入来源及劳动价值实现是通过生产产品和提供服务来实现的。

第二，企业职工是去产能政策的接受者。相较潜在利益相关者，企业职工虽然没有明确的组织，但却是受去产能政策影响最大的一类利益相关者。去产能意味着大量行业人员失业，意味着企业职工收入来源的丧失。据张杰、宋志刚（2016）估算，煤炭行业去产能将带来 60 万～130 万人失业，钢铁行业将带来 40 万～60 万人失业，水泥行业将带来 15 万人失业，电解铝行业将带来 17 万人失业。企业职工以个体形式存在，由于缺乏行政组织，拥有的社会资源也较少，在下岗安置、生计维持方面的谈判能力弱，有些地方政府和企业表现得过于强硬，没有充分考虑职工的感受和实际情况，单方面提出安置方案，企业职工多数情况下只能被动接受企业制定的安置方案。

第三，企业职工是去产能政策的评价者。在整个去产能进程中，化解产能过剩最重要和最难的是人员安置问题，企业职工最关心的问题就是安置政策。企业职工对去产能政策的评价主要基于主观预期与公平性两个方面。一方面，一般而言，企业职工对于政策的主观预期都是过高的，政府和企业制定的安置方案往往达不到企业职工的预期；另一方面，不同性质的企业安置政策存在很大差异，这导致企业职工对安置政策形成攀比心理。中央企业经济实力强，在岗位调整、下岗补贴及社会救济方面的安置措施比地方企业和民营企业考虑更为周到，地方企业和民营企业职工往往感到不公平，这对企业职工生涯规划、职工心理压力与权益维护会造成较大负面影响，往往导致较低的分流安置满意度（刘雪、张世青，2020）。

五、金融机构

金融机构一般也以"经济人"的形象出现，不管在市场规律还是政府政策的影响下，其决策行为都以利益最大化为准则。金融机构在去产能进程中扮演着三种角色，对去产能进程和效果都有一定影响。从去产能的进程来看，金融机构事前主要为金融服务的提供者和产能过剩的推动者，事中主要为金融服务的提供者和去产能的协助者，事后主要为金融服务的提供者。金融机构在去产能进程中的角色形态如图 3-5 所示。

图 3-5　去产能进程中金融机构的角色形态

第一，金融机构是金融服务的提供者。不管处在去产能进程的哪一阶段或时期，金融机构作为金融服务提供者的角色不会改变。金融机构的经营收入是通过给生产企业提供商业贷款、支付结算、订单融资等服务来实现的。

第二，金融机构是产能过剩的推动者。金融机构由于不良、冲动贷款行为成为产能过剩的推动者，这在制造业和采矿业比较明显。一方面，金融机构执行地方政府制定的投资、贷款优惠政策，助力钢铁、煤炭、水泥等行业扩大生产规模，造成产能过剩；另一方面，金融机构出于自身的盈利考量，过度支持生产企业的盲目投资行为，造成产能过剩。不管是在政府还是在市场的影响下，金融机构都是产能过剩的间接影响者，严重干扰了企业的投资决策和行为，主导了低质量的产能扩张（王韧，2019）。"僵尸企业"存在的关键也是金融机构在其背后为它提供资金支持。

第三，金融机构是去产能的协助者。金融机构是对政府去产能外在动力的有益补充，可以有效弥补政府部门职能缺陷，成为沟通政府与生产企业的纽带。政府制定的众多去产能政策中，金融政策必须由金融机构来执行，如对违规新增产能的生产企业停止贷款，对积极化解过剩产能、实施技术转型升级及具有前景的企业在政策允许范围内应给予资金支持。此外，金融机构业务还涉及生产企业抵债资产和不良资产的处置，如下岗企业职工安置补偿金发放和"僵尸企业"的资产清算等。

六、潜在利益相关者

去产能具有明显的传递效应，对产能过剩产业链上的上下游企业均会造成一定间接影响，产业链上下游企业在整个去产能过程中更多的是扮演配合者的角色。以钢铁行业为例，如图3-6所示，钢铁行业去产能主要针对的是产业链中游的钢铁加工制造企业，但是产业链上游的原材料供应企业和下游的销售企业均会受到一定影响。钢铁加工制造企业产能下降后，对原材料的需求量自然会下降，从而导致原材料供应行业规模的调整，下游销售企业也会随之调整。除上述分析的利益相关者外，去产能进程还涉及企业工会、新闻媒体、仲裁部门及普通公众等利益相关者。企业工会更多地体现为企业职工利益的代表者，在维护企业职工合法利益和调解纠纷方面扮演着重要角色。新闻媒体在报道去产能政策、去产能进度、去产能效果、去产能违法事件等信息方面发挥了重要作用，是去产能的宣传及监督者。仲裁部门在处理去产能进程中的行政纠纷、民事纠纷及违法犯罪等方面发挥了重要作用，是去产能合法性的捍卫者。

社会公众主要通过观看相关新闻报道、举报违法事件参与到去产能进程中，是
去产能的关注者。

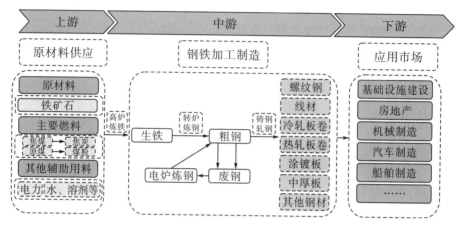

图3—6　钢铁产业链

第三节　去产能进程中利益相关者类型划分

一、利益相关者分类依据

关于利益相关者的分类，不同学者提出了不同的分类标准，如 Charkham
（1992）的公共性分类法、Wheeler（1998）的重要性分类法、Mitchell
（1997）的三属性分类法。美国学者 Mitchell 从合法性、影响性、紧迫性三个
属性维度对利益相关者进行了分类，并用椭圆代表利益相关者的三个属性维
度，构建了一个利益相关者分类框架，如图3—7所示。

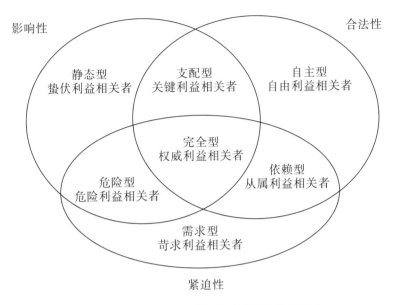

图 3-7 Mitchell 的利益相关者属性分类框架图

Mitchell 的分类法充分体现了利益相关者的分类标准、分类方法和分类数量，具有较强的应用价值，目前被广泛运用于环境污染治理、农业保险发展、企业并购等领域，对利益相关者进行分类（李娟，2020；邓志强，2009；罗向明，2021；郑艳秋，2021）。图 3-7 中，三个椭圆表示合法性、影响性、紧迫性三个维度。合法性是指某一群体是否被赋予法律上、道义上或者特定的对于企业的索取权。影响性是指某一群体是否拥有影响企业决策的地位、能力和相应的手段。紧迫性是指某一群体的要求能否立即引起企业管理层的关注。权威利益相关者同时满足合法性、影响性、紧迫性三项属性特征，在组织发展、政策制定和目标达成方面发挥主导作用。关键利益相关者、从属利益相关者和危险利益相关者同时满足合法性、影响性、紧迫性任意两项属性特征，对组织发展、政策制定和目标实现有较大的影响。蛰伏型利益相关者、苛求型利益相关者和自由利益相关者满足合法性、影响性、紧迫性任意一项属性特征，对组织发展、政策制定和目标达成有一定影响。实际情况下，上述利益相关者分类并不具备固定的边界，利益相关者的类型会随着环境和事物的变化而变化。

二、利益相关者属性分析

参考 Mitchell 对利益相关者进行分类的方法，本书基于合法性、影响性、紧迫性三个维度对去产能进程中的利益相关者属性进行分析，如表 3−1 所示。在去产能进程中，合法性是指某利益相关者是否被赋予法律上、道德上或特定的去产能的公权、私权和共权（或者说政治权力、经济权力和社会权力等）。影响性是指某利益相关者是否具有影响去产能效率的地位、能力和手段。紧迫性是指利益相关者是否对去产能具有敏感性并立即做出积极响应。

表 3−1　去产能中利益相关者分类及属性维度

利益相关者类型		利益相关者的三个属性维度		
三维属性利益相关者	中央政府	合法性强	影响性强	紧迫性强
二维属性利益相关者	地方政府	合法性强	影响性强	紧迫性弱
	生产企业	合法性强	影响性强	紧迫性弱
	企业职工	合法性强	影响性强	紧迫性弱
	金融机构	合法性强	影响性强	紧迫性弱
单维属性利益相关者	上游企业	合法性强	影响性弱	紧迫性弱
	下游企业	合法性强	影响性弱	紧迫性弱
	企业工会	合法性强	影响性弱	紧迫性弱
	新闻媒体	合法性强	影响性弱	紧迫性弱
	制裁部门	合法性强	影响性弱	紧迫性弱
	社会公众	合法性强	影响性弱	紧迫性弱

（一）中央政府

中央政府具有合法性强、影响性强和紧迫性强的属性特征。中央政府拥有雄厚的财政资源、行政资源和法律资源，具有很强的资源汲取能力、社会整合能力和政策执行能力，在去产能过程中通过行政手段、法律措施和产业政策影响潜在利益相关者的决策，而且中央政府的策略强度、策略类型也直接影响潜在利益相关者的行为。此外，产能过剩可能引起的市场风险、生态风险及社会风险提高了中央政府去产能的紧迫性，在去产能进程中中央政府的市场安全、生态安全及社会安全等利益诉求会引起潜在利益相关者的高度关注，并且他们会采取相应的策略行为进行回应。

（二）地方政府

地方政府具有合法性强、影响性强和紧迫性弱的属性特征。地方政府是中央政府去产能的代理者，这奠定了地方政府去产能的合法性；地方政府拥有一定的财政资源、行政资源和法律资源，具有较强的资源汲取能力、社会整合能力和政策执行能力，对中央政府去产能政策的执行情况直接影响潜在利益相关者的决策，如地方政府与企业的联盟行为和地方政府与金融机构的联盟行为，就会增加中央政府去产能的难度，导致政策失灵；过剩产业作为地方政府稳定就业、增加税收及推动地方经济发展的载体，导致地方政府在去产能的初期和中期缺乏紧迫性。

（三）生产企业

生产企业具有合法性强、影响性强和紧迫性弱的属性特征。生产企业是去产能实际的践行主体，具有生产经营的合法权利，在对政府政策的行为感知、响应及反馈等方面也均具有合法地位；企业是否进行技术创新、淘汰落后产能、退出市场、与地方政府和金融机构合谋等对中央政府去产能政策的调试和修正将产生重大影响；在市场经济条件下，盈利是企业的核心目标，去产能就意味着市场份额的减少甚至失去整个市场，企业显然缺乏主动去产能的动力，在去产能过程中不具备紧迫性。

（四）企业职工

企业职工具有合法性强、影响性强和紧迫性弱的属性特征。企业职工作为有限理性"经济人"，在去产能进程中保障自身的权益具有合法性；企业职工对去产能下岗补偿强度和补偿方式的响应对中央政府去产能政策的调试和修正也会产生重大影响；就业岗位是企业职工经济收入、社会价值体现及理想实现的平台，去产能意味着大部分企业职工会丧失就业岗位和经济收入来源，所以企业职工在去产能过程中也不具备紧迫性。

（五）金融机构

金融机构有合法性强、影响性强和紧迫性弱的属性特征。金融机构中对去产能进程有重要影响的主要是银行，银行有为生产企业和企业职工提供金融服务的职能，其职能体现了经济权力和社会权力，奠定了其合法性地位；银行对中央政府关于生产企业的贷款政策和财政补贴政策的响应及执行情况在一定程度上会影响去产能效率，影响中央政府的决策行为；银行虽然是中央政府调节市场的一种工具，但也具有显著性的经济属性，尤其商业性金融机构，盈利还是其经营行为的最终目的，去产能势必会对银行资金流产生较大的影响，其去产能行为也不具备紧迫性。

（六）潜在利益相关者

上游企业、下游企业、企业协会、新闻媒体和社会公众具有合法性强、影响性弱和紧迫性弱的属性特征。这些利益主体在去产能进程中拥有参与去产能的权利，如提供原材料的上游企业和满足产品需求的下游企业对政府政策的行为感知、响应及反馈均具有合法地位，企业协会在配合企业执行去产能政策以及维护企业职工合法利益方面具有合法地位，新闻媒体在宣传去产能政策及曝光去产能违法犯罪事件方面具有合法地位，公众在关注去产能事件以及举报去产能违法犯罪事件方面具有合法地位。但这些利益相关者行为对潜在利益相关者的策略行为影响力度相对较低，而且去产能不是其核心利益目标，去产能行为也不具备紧迫性。

三、利益相关者图谱构建

根据表 3-1，将去产能进程中不同利益相关者属性维度用三维坐标系来表示，如图 3-8 所示，该图更为直观地表达了不同利益相关者的属性维度。图中 X 坐标表示影响性，Y 坐标表示合法性，Z 坐标表示紧迫性，由 $OABCD$ 围成的锥体体积大小表示了利益相关者的地位重要性。图 3-8 中，锥体 $OABC$ 为三维属性维度利益相关者、锥体 $OABD$ 为二维属性维度利益相关者、锥体 $OAED$ 为单维属性维度利益相关者，根据锥体 $OAED$ 的性质可知，锥体 $OABC$ 的体积＞锥体 $OABD$ 的体积＞锥体 $OAED$ 的体积，即三维利益属性相关者的重要性高于二维利益属性相关者，二维利益属性相关者高于单维利益属性相关者。去产能也是不同利益相关者共同参与并相互影响的过程，根据表 3-1 和图 3-8，构建出去产能进程中利益相关者图谱，如图 3-9 所示。图中三个椭圆表示了合法性、影响性和紧迫性三个属性维度，每个圈层中的利益相关者至少在一个圈层上具备相应的属性，属性维度数表示了利益相关者的地位重要性，相交椭圆数越多，利益相关者的地位越重要。

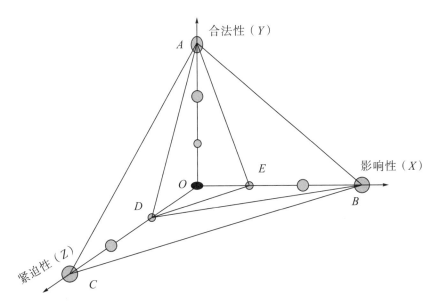

图 3-8　去产能进程的利益相关者属性维度的立体框架图

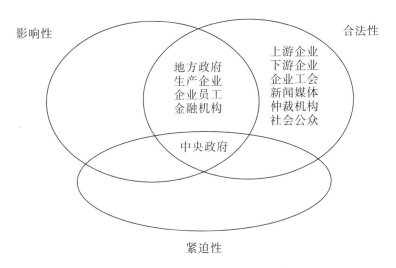

图 3-9　去产能进程的利益相关者图谱框架图

　　去产能是一个动态过程，在不同的阶段，利益相关者的地位或重要性可能会发生变化，如中央政府将去产能完全作为一项政治任务委托给地方政府时，中央政府对地方政府去产能绩效的严格考核使地方政府去产能的紧迫性由弱趋强，地方政府与中央政府就具有同样的属性特征，地方政府由二维属性利益相关者趋向三维属性利益相关者。再如落后产能企业在生产过程中违规排放工业污染物，对当地环境造成严重影响，甚至威胁到公众的身体健康时，社会公众迫切需要通过淘汰当地落后产业来降低环境污染，社会公众去产能的紧迫性由弱趋强，此时，社会公众就同时具备合法性和紧迫性二维属性特征，由单维属性利益相关者向二维属性利益相关者转变。所以，利益相关者属性应根据实际情况应具体分析。

四、本章小结

本章首先根据弗里曼对利益相关者的定义识别去产能进程中的利益相关者，并分析这些利益相关者在去产能进程中的定位，在此基础上，从合法性、影响性、紧迫性三个属性维度对利益相关者进行了分类，运用立体图形刻画利益相关者的属性维度，并构建出去产能进程的利益相关者图谱，得出以下结论：第一，去产能进程中有中央政府、地方政府、生产企业、企业职工、金融机构、上游企业、下游企业、企业工会、新闻媒体、仲裁机构、社会公众等多个利益相关者。第二，中央政府具有合法性、影响性、紧迫性三个属性，是三维利益相关者；地方政府、生产企业、企业职工及金融机构具有合法性和影响性，是二维利益相关者；而上游企业、下游企业、企业工会、新闻媒体、仲裁机构及社会公众仅具有合法性，是单维利益相关者。

基于上述结论，根据后文研究需要，可进一步将去产能进程中的利益相关者分为三个层次：第一个层次为完全利益相关者（中央政府），即三维利益相关者；第二个层次为核心利益相关者（包括地方政府、生产企业、企业职工和金融机构），即二维利益相关者；第三个层次为潜在利益相关者（包括上下游企业、企业工业、新闻媒体、仲裁机构以及社会公众），即单维利益相关者。

第四章 去产能进程中的利益类型化研究

中央政府、地方政府、生产企业、企业职工及金融机构等利益相关者在去产能进程中扮演着不同的角色，追求着不同的利益目标，分析去产能进程中的利益类型是剖析去产能进程中利益矛盾关系的关键。本章在界定利益类型的基础上，将利益相关者利益诉求融入"五位一体"总体布局，对去产能进程中的利益类型及不同利益相关者的利益诉求进行分析。

第一节 去产能进程中的利益类型分析

柳新元在其著作《利益冲突与规制变迁》中提到，利益是在一定社会生产发展阶段和一定社会关系约束下，需要主体以一定的社会关系为中介、以社会实践为手段，使需要主体与需要对象之间的矛盾状态得到克服，即需要的满足。这一定义阐明了利益的三要素，即主体、事件和对象。由此，我国去产能进程中的利益可以解释为：在经济进入新常态的背景下，在去产能这一事件中，中央政府、地方政府、生产企业、企业职工及金融机构等众多利益相关者在各相关方面得到满足的需求。

利益可以按照不同分类标准进行划分，按照实现范围可分为局部利益和整体利益，按照实现时限可分为短期利益、中期利益和长期利益，按照实现程度可分为暂时利益和根本利益，按照实现与否可分为既得利益和未来利益，按照实现客体可分为物质利益、精神利益、政治利益、经济利益、社会利益，按照实现能力可分为现实利益和理想利益，按照利益特殊性和一般性可分为共同利益和特殊利益或一般利益和个别利益。这些分类方式也可为去产能进程的利益类型识别提供参考。本研究结合我国"经济建设、政治建设、社会建设、文化建设、生态建设""五位一体"总体布局的国情和去产能具体实践进程，从经济、政治、社会、文化和生态等五个维度来理解去产能进程中的利益类型，或者说将去产能进程中的利益类型划分为经济利益、政治利益、文化利益、社会利益和生态利益五类，如图 4-1 所示。

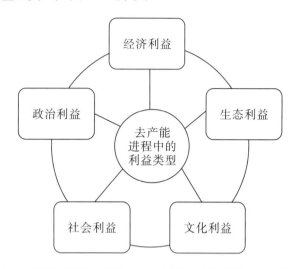

图 4-1　基于"五位一体"总体布局的去产能进程中的利益类型

经济利益是指利益相关者在去产能这一实践过程中，围绕经济活动而获得的以各种形式存在的权利与承担的义务，如生产企业提高营业利润的权利、金融机构提高营业利润的权利。政治利益是指利益相关者在去产能这一实践过程中，借助公共权力来实现的具有政治内容和政治特性的需要，如中央政府深化体制改革的需要、仲裁部门维持法律权威性的需要。社会利益是指在去产能这一实践过程中，利益主体生存与发展的各种需要，如企业职工增加就业机会的需要、中央政府促进社会公平发展的需要。文化利益是指利益相关者在去产能这一实践过程中，对提高人民思想觉悟和道德水平的各种需要，如中央政府树立新发展理念的需要、企业文化（如绿色发展理念）建设的需要。生态利益是指利益相关者在去产能这一实践过程中，对改善生产环境的各种需要，如中央政府生态文明建设的需要、社会公众对人居环境质量改善的需要。

第二节　去产能进程中利益相关者的利益类型分析

在去产能进程中，各利益相关者在合法性、影响性和紧迫性三个维度上的属性特征不同，这使得不同利益相关者在同一维度上的利益以及同一利益相关者对不同维度上的利益关注度都存在较大差异。通过访谈、部门座谈来分析利益相关者对不同利益的关注程度大小。用符号"●"的多少来刻画不同利益相关者对不同维度上的利益关注度的大小，"●"越多表示利益相关者对该维度上的利益关注度越高，"●"越少表示利益相关者对该维度上的利益关注度越低，如表4-1所示。

表4-1 去产能中利益相关者的利益格局

利益相关者分类		经济利益	政治利益	社会利益	文化利益	生态利益
完全利益相关者	中央政府	●●●●●	●●●●●	●●●●●	●●●	●●●●
核心利益相关者	地方政府	●●●●	●●●	●●●●	●●	●●●
	生产企业	●●●		●●	●	●
	企业职工	●●●		●		
	金融机构	●●●		●		
潜在利益相关者	上游企业	●		●		
	下游企业	●		●		
	企业工会		●	●		
	新闻媒体		●	●		
	制裁部门		●			
	社会公众			●		●

一、不同利益相关者对同一利益维度的关注度分析

总体上看，同一利益维度上，完全利益相关者的利益关注度高于核心利益相关者高于潜在利益相关者。

（一）经济利益维度

在去产能进程中，对经济利益有关注度的利益相关者有中央政府、地方政府、生产企业、企业职工、金融机构、上游企业和下游企业，企业工会、新闻媒体、制裁部门和社会公众对经济利益的关注度较低。不同属性的利益相关者对经济利益关注度的大小关系为：中央政府＞地方政府＞生产企业、企业职工、金融机构＞上游企业、下游企业＞企业工会、新闻媒体、制裁部门和社会公众。

（二）政治利益维度

在去产能进程中，对政治利益有关注度的利益相关者有中央政府、地方政府、企业工会、新闻媒体和制裁部门，生产企业、企业职工、金融机构、上游企业、下游企业及社会公众对政治利益的关注较低。不同属性的利益相关者对政治利益关注度的大小关系为：中央政府＞地方政府＞生产企业、金融机构＞企业工会、新闻媒体、制裁部门和社会公众。

（三）社会利益维度

在去产能进程中，所有利益相关者均关注社会利益。不同属性的利益相关者对社会利益关注度的大小关系为：中央政府＞地方政府＞生产企业、企业职工、金融机构＞上游企业、下游企业、企业工会、新闻媒体、制裁部门、社会公众。

（四）文化利益维度

在去产能进程中，仅有中央政府、地方政府和生产企业关注文化利益，企业职工、金融机构、上游企业、下游企业、企业工会、新闻媒体、制裁部门和社会公众不太关注文化利益。不同属性的利益相关者对文化利益关注度的大小关系为：中央政府＞地方政府＞生产企业、企业工会、新闻媒体、制裁部门、社会公众。

（五）生态利益维度

在去产能进程中，仅有中央政府、地方政府、生产企业和社会公众关注生态利益，企业职工、金融机构、上游企业、下游企业、企业工会、新闻媒体和制裁部门不太关注生态利益。不同属性的利益相关者对生态利益关注度的大小关系为：中央政府＞地方政府＞生产企业＞企业工会、新闻媒体、制裁部门、社会公众。

二、同一利益相关者对不同利益维度的关注度分析

总体上看，同一利益相关者，对不同类型利益的关注度具有相同性，但更多体现出差异。

（一）中央政府

去产能进程中，中央政府关注经济利益、政治利益、社会利益、文化利益和生态利益，对经济利益、政治利益和社会利益有同等重要的关注度，其次是生态利益和文化利益。中央政府对这些利益的关注具有整体性、长远性和根本性。

（二）地方政府

去产能进程中，地方政府关注经济利益、政治利益、社会利益、文化利益和生态利益，对经济利益、政治利益和社会利益有同等重要的关注度，其次是生态利益和文化利益。地方政府对这些利益的关注具有局部性、短期性和特殊性。

（三）生产企业

去产能进程中，生产企业关注经济利益、社会利益、文化利益和生态利益，不太关注政治利益。对经济利益的关注度远高于社会利益，社会利益又高于生态利益和文化利益。生产企业对这些利益的关注具有短期性、既得性和个别性。

（四）企业职工

去产能进程中，企业职工关注经济利益和社会利益，不太关注政治利益、文化利益和生态利益，且经济利益的关注度高于社会利益。企业职工对这些利益的关注具有短期性、既得性和个别性。

（五）金融机构

去产能进程中，金融机构关注经济利益和社会利益，不太关注政治利益、文化利益和生态利益，且对经济利益的关注度高于社会利益。金融机构对这些利益的关注具有短期性、既得性和个别性。

（六）潜在利益相关者

去产能进程中，上下游企业较为关注经济利益和社会利益，较少关注政治利益、文化利益和生态利益。企业工会、新闻媒体和制裁部门同等关注政治利益和社会利益，不太关注经济利益、文化利益和生态利益。社会公众同等关注社会利益和生态利益，不太关注经济利益、文化利益和政治利益。其他潜在利益相关者对这些利益的关注也具有短期性、既得性和个别性。

三、不同利益相关者利益格局的图谱构建

根据表 4-1，将去产能进程中不同利益相关者利益属性维度用立体坐标系来表示，构建出去产能进程中不同利益相关者的利益格局图谱（图 4-2），该图更为直观地表达了不同利益相关者的利益属性维度，也为对比利益相关者总体利益格局提供了可行条件。图 4-2 中，X、Y、Z、U、V 轴分别表示社会利益、经济利益、文化利益、生态利益和政治利益。远离空间坐标原点的点表示利益相关者在该利益维度上的关注度高，重要性大；反之，靠近空间坐标原点的点表示利益相关者在该利益维度上的关注度低，重要性小。各点与空间坐标原点构成立体（平面）图形的体积（面积）越大，说明该利益相关者的整体利益格局地位越高；反之，各点与空间坐标原点构成立体（平面）图形的体积（面积）越小，说明该利益相关者的整体利益格局地位越低。

从维度数量来看，中央政府和地方政府的利益维度数为 5，生产企业的利益维度数为 4，潜在利益相关者的利益维度数为 2。这也可以看出，在去产能进程中，政府对利益的追求具有全局性和整体性，潜在利益相关者对利益的追求具有局限性和分散性。从各维度所围成图形的体积（面积）来看，锥体 $OABCDE$ 的体积＞锥体 $OFJIHG$ 的体积＞锥体 $OKRQP$ 的体积，三角形 OKS 的面积＞三角形 OMS 的面积＝三角形 OPQ 的面积＝三角形 OQS 的面积。可以判断出，在去产能进程中，中央政府的整体利益格局地位最高，其次是地方政府，再次是生产企业，企业职工、金融机构，上下游企业、新闻媒体、仲裁机构和社会公众的整体利益格局地位最低。

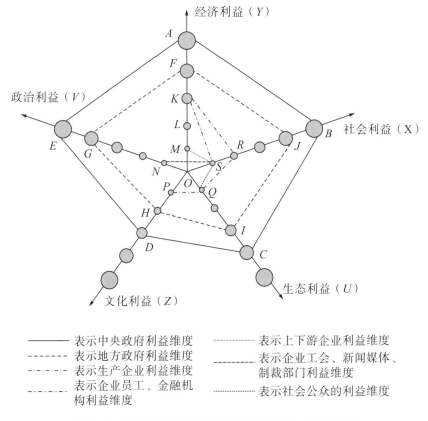

图4-2 去产能进程利益相关者利益格局的立体框架图

第三节 去产能进程中利益相关者的利益诉求分析

去产能是贯彻"经济建设、政治建设、社会建设、文化建设、生态建设""五位一体"总体布局的具体实践，是贯彻"创新、协调、绿色、开放、共享"五大新发展理念的具体实践。

一、中央政府

在去产能进程中，中央政府扮演着行为领导者、规制制定者、过程监督者、效果评价者及政策修正者等多种角色，在不同利益维度上的利益诉求较多。中央政府在不同利益维度上的诉求如表4-2所示。

表4-2 中央政府在不同利益维度上的诉求

经济利益诉求	政治利益诉求	社会利益诉求	文化利益诉求	生态利益诉求
经济高质量发展	法治国家建设	和谐社会建设	社会主义核心价值观建设	生态文明建设
经济安全发展	深化体制改革	促进公平发展	树立意识形态	改善生态环境
经济协调发展	强化规制建设	促进共享发展	贯彻新发展理念	改善生产环境
经济开放发展	维持政治权威	树立良好形象	……	改善生活环境
经济优化发展	……	维护社会稳定	……	……
……	……	……	……	……

（一）经济利益诉求

以经济建设为中心是党的十一届三中全会以来明确而又一贯的战略思想，是党对历史经验教训的总结。从去产能的任务来看，通过去产能促进经济高质量发展是中央政府的核心经济利益诉求，围绕核心经济利益诉求又可以分解出经济安全发展、经济协调发展、经济开放发展及经济优化发展等多个方面的经济利益诉求。如通过去产能提高资源利用效率、降低企业生产成本及提高国家抵御市场风险的能力，保障经济安全发展；通过去产能展现出产业发展的区域比较优势，促进产业功能区划，降低社会分工的成本，促进区域与区域、企业与企业之间的协调发展，进而促进经济协调发展；积极的"一带一路"措施可以提高行业景气预期，增加国际市场的产能空间和机会，促进我国经济开放发展（林伯强，2016）；通过去产能实现土地、资金及劳动力等要素的优化配置，提高全要素生产效率，积极扩大中高端有效供给，减少低端无效供给，促进经济优化发展。

（二）政治利益诉求

政治建设是我国一切事业发展的保障，国家性质决定了中央政府在去产能进程中的政治利益诉求。从去产能的任务来看，通过去产能建设法治国家是中央政府的核心政治利益诉求。围绕核心政治利益诉求又可以分解出深化政治体制改革、强化制度建设和维持政治权威等多个方面的政治利益诉求。产能过剩不仅是一个市场失灵问题，也是一个政府失灵问题，供给侧结构性改革背景下的去产能就是为了理顺政府与市场的关系，在政府、企业联动的过程中明确各自的法律边界，从而达成深入推进国家行政管理体制改革的目标。同时通过去产能健全企业用工、金融贷款、土地审批、社会保障、环境管理、协同治理等系列规章制度，实现强化规制建设的目标。

（三）社会利益诉求

社会建设是经济高质量发展的外部条件，实现最广大人民的根本利益是中央政府所有工作的出发点和落脚点。从去产能的任务来看，通过去产能建设和谐社会是中央政府的核心社会利益诉求。围绕核心社会利益诉求又可以分解出社会公平发展、社会共享发展、维护社会稳定及树立良好形象等多个方面的社会利益诉求。如通过去产能维持市场供需平衡，改变恶性竞争局面，促进市场公平发展；制定合理的职工安置政策，切实保障下岗职工的补贴、再就业及医疗保险等社会福利，以维护社会稳定并树立良好的政府形象。

（四）文化利益诉求

文化建设为我国高质量发展提供了思想保证、精神动力和智力支持。从去产能的任务来看，通过去产能推动社会主义核心价值体系建设是中央政府的核心文化利益诉求，围绕核心文化利益诉求又可以分解出塑造良好意识形态和贯彻新发展理念等方面的文化利益诉求。一方面，去产能是中央政府根据我国经济发展进入新常态这一基本国情做出的一项重大经济改革运动，要取得改革的胜利，各利益相关者必须转变思想观念，要有国家意识、大局意识和服从意识，才能实现全民关注和共同参与。另一方面，通过去产能要改变生产企业的发展思路，培育企业创新发展、绿色发展、协调发展及开放发展的意识。

（五）生态利益诉求

生态文明建设是关系中华民族永续发展的根本大计。从去产能的任务来看，通过去产能推进生态文明建设是中央政府追求的生态利益核心目标，围绕核心生态利益诉求又可以分解出改善生态环境、改善生产环境和改善生活环境等生态利益诉求。煤炭、钢铁及水泥等产能过剩企业多为资源高耗损型、污染高排放型企业，要通过去产能关闭、整顿、监测一些技术标准不达标的企业，控制区域主要污染物排放总量，改善"三生"环境，推动生态文明建设进程。

二、地方政府

地方政府作为中央政府去产能职能的代理者，在去产能进程中是产能过剩的直接影响者、地方规制制定者和去产能效果的被考核者，与中央政府具有相同性质的利益诉求，但地方政府更强调追求短期和局部的利益目标。这使得地方政府的不同利益诉求，不仅带有地域性特征，往往还带有在职领导干部的个人情感和个人意志。地方政府在不同利益维度上的诉求如表4-3所示。

表4-3　地方政府在不同利益维度上的诉求

经济利益诉求	政治利益诉求	社会利益诉求	文化利益诉求	生态利益诉求
经济高质量发展	法治政府建设	维护社会稳定	社会主义核心价值观建设	生态文明建设
推动经济发展	深化体制改革	提高就业水平	树立意识形态	改善生态环境
增加财税收入	强化规制建设	改善社会福利	贯彻新发展理念	改善生产环境
提高区域竞争力	维持政治权威	树立良好形象	……	改善生活环境
获得政策支持	领导干部政治晋升	……	……	……
……	……	……	……	……

（一）经济利益诉求

地方政府的核心经济利益诉求是推动当地经济高质量发展。围绕核心经济利益诉求又可以分解出增加财税收入、提高区域竞争力和获得政策支持等多个方面的经济利益诉求。钢铁、煤炭、水泥等过剩产业作为一些地区的主导性产业，在较大程度上影响着当地社会经济的发展。一方面，地方政府希望通过这些企业提高当地经济发展水平，从而提升在区域发展中的竞争力；另一方面，地方政府希望通过这些企业获得更多的财税收入，以保证地方政府财政的正常运转。此外，地方政府作为联系中央政府与生产企业的桥梁，希望获得更多支持地方企业生产发展的政策，如用于支持发展前景较好的企业转型升级的政策，用于支持"僵尸企业"主动退出市场的政策。

（二）政治利益诉求

地方政府的核心政治利益诉求是法治政府建设。围绕核心政治利益诉求又可以分解出深化体制改革、强化规制建设、维持政治权威、通过领导干部政绩考核和实现领导干部政治晋升等多个方面的政治利益诉求。地方领导是地方政府的代表者，代表了政府利益，履行的是中央政府的职能，在去产能进程中，会根据当地实际情况，结合中央的政策，追求深化体制改革、强化规制建设和维持政治权威的政治利益目标；但地方领导也代表了个人（私人）利益，不少人也在乎政绩考核的优绩和职位晋升。

（三）社会利益诉求

维护一方社会稳定是地方政府所追求的核心社会利益诉求。围绕核心社会利益诉求又可以分解出提高就业水平、改善社会福利和树立良好形象等多个方面的社会利益诉求。就业是最大的民生，钢铁、煤炭、水泥等过剩产业解决了大量当地就业问题，去产能则意味着大量人员的失业。因此，培育新产业，增加就业岗位，提高就业水平必然成为地方政府追求的目标。安置好下岗职工，降低下岗职工福利损失，提高下岗职工安置满意度，树立良好的政府形象也是地方政府的社会利益诉求。

（四）文化利益诉求

地方政府与中央政府的文化利益诉求一致，主要是履行中央政府职能，在去产能进程中追求推动社会主义核心价值体系建设、塑造良好意识形态和贯彻新发展理念的文化利益目标。

（五）生态利益诉求

地方政府与中央政府的生态利益诉求一致，主要是履行中央政府职能，在去产能进程中追求推动生态文明建设，改善生态环境、生产环境和生活环境的生态利益目标。但由于地方政府产能过剩情况存在差异，中央政府下达给各地方政府的生态环境保护任务目标可能不同，地方政府在追求生态利益目标的过程中也表现出不同的侧重点。

三、生产企业

生产企业是去产能政策实际的执行者，政府的系列措施手段都将作用于生产企业，其在不同利益维度上的诉求也较多。但总体而言，生产企业的社会利益、生态利益和文化利益诉求并不是生产企业自发的，归根到底服务于其经济利益目标。生产企业在不同利益维度上的诉求如表4-4所示。

表 4-4　生产企业在不同利益维度上的诉求

经济利益诉求	政治利益诉求	社会利益诉求	文化利益诉求	生态利益诉求
提高经营利润	……	提供就业岗位	建设企业文化	绿色生产经营
提高市场竞争力	……	树立良好形象	……	减少污染排放
技术转型升级	……	……	……	实现达标排放
获得政策支持	……	……	……	生态环境保护
……	……	……	……	……

（一）经济利益诉求

生产企业作为理性"经济人"，利润最大化或成本最小化是其生产经营的基本原则，不管处在去产能进程的哪一阶段或时期，提高经营利润都是生产企业的核心经济利益诉求。围绕核心经济利益诉求又可以分解出技术升级创新、提高市场竞争力、获得政府政策支持等多个方面的经济利益诉求。如在去产能过程中，中央政府制定了生产企业生产技术的市场准入标准，生产企业就可以通过技术升级创新，达到新的技术市场准入标准。再如生产规模小、竞争能力弱的企业更希望政府实行支持其退出市场的补贴政策，而且补贴强度越大越好；而一些有一定市场影响力的生产企业，则更希望政府实行其进行重组或技术升级的政策。

（二）社会利益诉求

在追求经济利益目标的同时，生产企业也自然被赋予了提供就业岗位的社会利益目标，提供就业岗位的多少完全取决于生产企业的生产规模。良好的社会形象同样是企业追求的社会利益目标。一方面，生产企业一般都会通过内部和外部公关来提高企业在社会公众中的知名度，增强企业在社会公众中的美誉度；另一方面，制定并落实好令下岗职工满意的安置政策、安抚好下岗职工情绪、持续关注下岗职工生活和就业情况不仅是一个生产企业社会担当的体现，也是一个生产企业良好社会形象的体现。此外，生产企业还通过一些社会公益活动来树立良好的社会形象，如鞍钢股份有限公司通过组建志愿者服务队，开展美丽社区活动、爱心文明行动、金秋助学和精准扶贫工作等来承担社会责任，树立了良好的社会形象。

（三）文化利益诉求

任何一个生产企业都重视企业文化的建设。在去产能进程中，生产企业尤其注重体现去产能的价值观念、国情意识、大局意识、群体意识和人文关怀，这些都是它们追求的文化利益目标。特别是那些具有社会责任担当、竞争实力雄厚的企业，它们在去产能进程更加注重文化利益目标的追求。如河钢股份有限公司提出"代表民族工业、担当国家角色，为人类文明制造绿色钢铁"等企业文化精神。

（四）生态利益诉求

在我国大力推进生态文明建设的时代背景下，政府对生态利益目标的追求促使生产企业也必须追求生态利益目标，生产企业的核心生态利益目标是进行绿色生产，主要通过技术创新，降低污染物排放量，实现达标排放。如山东钢铁股份有限公司坚持"绿色＋智能"的战略导向，秉承发展循环经济和科技节能减排的理念，强化结构节能、技术节能和管理节能，深化资源的梯级和循环利用，构建绿色低碳循环发展新方式，实现公司发展与绿水青山和谐共生。

四、企业职工

企业职工在去产能进程中是产品服务的生产者、去产能政策的接受者和去产能政策的评价者。他们以经济利益诉求为主，兼顾社会利益诉求，其对社会利益目标的追求归根到底也是为其追求经济利益目标服务的。企业职工在不同利益维度上的诉求如表4-5所示。

表4-5 企业职工在不同利益维度上的诉求

经济利益诉求	政治利益诉求	社会利益诉求	文化利益诉求	生态利益诉求
增加工资收入	……	实现个人价值	……	……
稳定收入来源	……	增加再就业机会	……	……
获得利润分红	……	解决社会保障问题	……	……
获得足够补偿	……	追求社会公平性	……	……
……	……	……	……	……

（一）经济利益诉求

对于一般性的企业职工而言，由于养家糊口的压力，稳定收入来源和增加工资收入是其主要的经济利益目标，如果企业盈利情况较好，企业职工也期待获得利润分红。但对于下岗企业职工而言，出于对收入来源丧失、家庭抚养压力增大和再就业成本等因素的考虑，获得足够的经济补偿是其核心经济利益目标。

（二）社会利益诉求

个人价值实现建立在社会价值实现的基础上，任何岗位上的企业职工在追求经济利益目标的同时，也体现出实现其劳动价值的社会目标；而对于下岗企业职工，他们更加迫切地希望得到再就业和创业的机会，对就业信息获取、职业培训、政策咨询、岗位推荐、跨区域劳务输出等方面的诉求相对较高，也希望政府能解决养老保险、医疗保险等社会保障问题，而且比较看重安置政策的公平性。

五、金融机构

金融机构是服务性机构，在去产能进程中扮演着金融服务提供者和去产能协助者的角色，以经济利益诉求为主，兼顾社会利益诉求。金融机构在不同利益维度上的诉求如表4-6所示。

表4-6　金融机构在不同利益维度上的目标追求

经济利益诉求	政治利益诉求	社会利益诉求	文化利益诉求	生态利益诉求
增加经营利润	……	强化社会服务	……	……
扩大贷款规模	……	树立良好形象	……	……
扩展结算业务	……	……	……	……
提高市场竞争力	……	……	……	……
……	……	……	……	……

（一）经济利益诉求

银行作为现代金融企业，具有一般企业的共性，必须通过经营活动获得收益，从而实现生存和发展，不管处在去产能进程的哪一阶段或时期，增加经营利润都是金融机构的核心利益目标，围绕核心经济目标又可以分解出扩大贷款规模、扩展结算业务和提高市场竞争力等多个子目标。在去产能进程中主要通过给生产企业发放贷款来实现增加经营利润的经济利益目标。

（二）社会利益诉求

在追求经济利益目标的同时，金融机构也会关注强化社会服务、树立良好形象等社会利益目标。

六、潜在利益相关者

潜在利益相关者处于去产能的不同环节，在不同利益维度上的诉求如表4-7所示。上下游企业与生产企业的利益诉求是相同的，只是在去产能进程中，上下游企业在各利益维度上的诉求都没有生产企业关注度高。企业工会具有"类政府机关"性质，以追求强化规制建设的政治利益目标和以追求维持社会公平的社会利益目标为主。如作为意见表达组织，提升职工民主参与程度，推进民主参与制度建设，同时发挥代表和维权职能，维持社会公平。传播、报道、宣传去产能政策及执行情况的多为地方和中央有相当知名度的新闻媒体，具有较强的政治性特征，其政治利益诉求就是传达政府意志，但接收新闻媒体信息的多为社会公众，所以其追求的社会利益目标就是引导社会舆论和强化社会监督。制裁部门具有较强的政府性质，其主要追求维持法律权威和维持社会公平的政治利益目标和社会利益目标。而社会公众的利益目标追求就更少了，以追求改善环境质量和履行公民义务的生态利益目标和社会利益目标为主。

表 4-7　潜在利益相关者在不同利益维度上的诉求

潜在利益相关者	潜在利益相关者的利益目标				
	经济利益诉求	政治利益诉求	社会利益诉求	文化利益诉求	生态利益诉求
上游企业	增加经营收入 提高市场竞争力 技术转型升级	……	提供就业岗位 树立良好形象	……	……
下游企业	增加经营收入 提高市场竞争力 技术转型升级	……	提供就业岗位 树立良好形象	……	……
企业工会	……	强化制度建设	维持社会公正	……	……

潜在利益相关者	潜在利益相关者的利益目标				
	经济利益诉求	政治利益诉求	社会利益诉求	文化利益诉求	生态利益诉求
新闻媒体	……	传达政府意志	引导社会舆论强化社会监督	……	……
制裁部门	……	维持法律权威	维持社会公正	……	……
社会公众	……		履行公民义务	……	改善环境质量

第四节　本章小结

本章基于"五位一体"总体布局，从经济利益、政治利益、社会利益、文化利益和生态利益五个维度梳理了去产能进程中利益类型，并剖析了利益相关者在不同利益维度上的目标追求。具体研究结论如下：第一，不同利益相关者对同一维度上的利益关注度有共性，表现为完全利益相关者＞核心利益相关者＞潜在利益相关者。第二，同一利益相关者对不同维度的利益关注度共性和个性并存，表现为中央政府和地方政府更关注经济利益、政治利益和社会利益，生产企业、企业职工、金融机构及上下游企业更关注经济利益，企业工会、仲裁机构和新闻媒体更关注政治利益和社会利益，社会公众更关注生态利益和社会利益。第三，中央政府的整体利益格局地位最高，其次是地方政府，再次是生产企业，再其次是企业职工、金融机构，上下游企业、新闻媒体、仲裁机构和社会公众的整体利益格局地位最低。第四，不同利益相关者利益诉求个性特征显著，就所有利益相关者关注度最高的经济利益和社会利益而言，中央政府的核心经济利益诉求是经济高质量发展，地方政府是推动地方经济高质量发展，企业（生产企业、上下游企业）、企业职工和金融机构均是增加经营收入；中央政府的核心社会利益诉求是建设和谐社会，地方政府是维护地方社会稳定，生产企业是提高就业岗位，企业职工是提高社会保障，金融机构是强化社会服务，企业工会和制裁部门是维护社会公正，新闻媒体是强化社会监督，公众是履行公民社会义务。由以上研究结论可知，各利益相关者在合法性、影响性和紧迫性三个维度上的属性特征不同，不同利益相关者对同一维度上的利益及同一利益相关者对不同维度上的利益关注度及利益诉求都存在较大差异。

第三篇　去产能进程中的利益矛盾关系与演化研究

去产能将建构起新的社会分工格局，并导致部分利益相关者社会参与权的变化甚至丧失，由此产生新的利益分配矛盾，从而引发利益矛盾关系结构调整。去产能进程中行动者的行为本身是一种集体行动，取决于主体成本与收益，不同主体之间"成本—收益"的非一致性必将引发主体之间的利益矛盾，对利益矛盾关系规律的认识是实现产能过剩治理目标、制定公共政策的基础，直接影响到过剩产能治理绩效。对利益矛盾关系及其规律的认识不仅包括对利益矛盾关系内涵和演化条件的学理性探究，还包括对产能过剩历史根源的探究以及矛盾关系演化阶段性的讨论，同时也涉及特定政策环境下的主体策略行为研究。因此，立足于去产能总体目标的达成和公共政策的有效性与主体利益矛盾关系之间的内在逻辑关系，相关研究必须以去产能进程中利益相关者"成本—收益"的演变为主线，聚焦于利益矛盾关系内涵特征、利益矛盾关系动态演变和主体策略行为变化，采用规范、演化博弈的方法，研究利益相关者成本收益变化引起的利益矛盾关系演化和策略行为选择，揭示利益矛盾关系模式下的主体策略性行为演化特征，为协调机制设计提供理论和实践基础。

第五章　去产能进程中的利益矛盾关系研究

本章将去产能进程划分为扩大规模生产期、产能过剩形成期、去产能进程初期及去产能进程中后期四个阶段，分析利益相关者"成本—收益"动态变化过程，试图从利益相关者收益变化入手，刻画出去产能进程中利益矛盾关系演化的过程，并厘清每个环节利益矛盾关系的主要表现形式。

第一节　去产能进程中利益矛盾关系内涵及演化条件

一、利益关系的内涵分析

利益关系是利益矛盾关系形成的前提。利益关系就是指利益相关者在利益客体的实践活动中形成的相互关系。具体到去产能进程中，利益关系是指中央政府、地方政府、生产企业、企业职工及金融机构等利益相关者在追求经济利益、政治利益、文化利益、社会利益及生态利益的过程中形成的互动关系。这种互动关系既可以是利益相关者在同一利益维度上的联系（如中央政府与地方政府之间的利益关系），也可以是同一利益相关者在不同利益维度上的联系。利益相关者之间的联系可以是纵向的，也可以是横向的；可以是直接的，也可以是间接的。各种各样的利益互相作用、互相影响、互相制约，形成了一个纵横交错的利益体系。从利益相关者角度来看，去产能进程中的利益关系主要是中央政府与地方政府、中央政府与生产企业、中央政府与金融机构、中央政府与企业职工、地方政府与生产企业、地方政府与金融机构、地方政府与企业职工、生产企业与金融机构、生产企业与企业职工之间的利益关系。从利益类型来看，去产能进程中的利益关系主要是经济利益与政治利益、经济利益与社会利益、经济利益与生态利益、政治利益与社会利益、政治利益与生态利益之间的利益关系。

二、利益矛盾关系的内涵分析

去产能进程中的利益矛盾关系内涵是指中央政府、地方政府、生产企业、企业职工及金融机构等利益相关者在实现经济利益、政治利益、社会利益、文化利益及生态利益过程中，由利益目标差异性导致的意见分歧或行动的不一致。

去产能进程中的利益矛盾关系的形成主要源于三个方面：一是社会分工的具体化导致中央政府、地方政府、生产企业、企业职工及金融机构在去产能进程中扮演着不同的角色，承担不同的职能，这可能使其在追求不同利益目标的过程中发生利益矛盾。二是社会参与权的丧失。去产能意味着一些利益相关者将失去社会参与的权利或者说其社会地位被降低，如地方政府区域竞争力减弱、税收减少、企业职工就业机会丧失等，这导致其在争取社会参与权和巩固其社会地位时与潜在利益相关者产生利益矛盾。三是利益分配不合理。当利益相关者感知到利益分配不合理时就会采取具体的行动去改变这一不合理现象，进而导致利益矛盾深化，造成利益矛盾关系。如地方政府意识到去产能会降低其区域竞争力时，就有可能与生产企业一起规避去产能政策。

利益矛盾关系包括纵向和横向两个方面。纵向利益矛盾关系是指不同利益相关者在追求各种利益目标的过程中，彼此间发生的分歧。横向利益矛盾关系是指同一利益相关者在追求不同利益目标的过程中发生的分歧。根据上文对去产能进程中各利益相关者利益目标的分析可知，去产能进程中的纵向利益矛盾关系主要表现为中央政府、地方政府、生产企业、企业职工、金融机构间的利益关系结构，横向利益矛盾关系主要表现为利益相关者在追求经济利益、政治利益、文化利益、社会利益和生态利益过程中发生的利益分歧和利益非一致性。

三、利益矛盾关系演化的条件

去产能进程中，利益相关者之间的利益矛盾关系是客观存在的，并随着利益相关者所处的外部环境变化而变化，这种变化可能导致利益矛盾关系加剧进而演化为冲突事件，也可能使利益矛盾关系得到有效缓解，还可能使利益矛盾关系彻底被化解。有效缓解利益矛盾关系需要规制的介入，这里的规制除政策、法律、法规等一系列有政治权威性的正式规制外，还包括道德、习俗、风俗等非正式规制。规制在调节利益相关者间的利益关系时发挥激励和约束作用，进而推动利益矛盾关系的演化。利用规制设计调节利益相关者的利益关系，必须以利益相关者是"经济人"的假设为前提。规制设计不是要禁止利益相关者对利益目标的追求，也不是要否定利益矛盾关系，而是要允许利益相关者不同的利益目标追求，承认利益矛盾关系的存在，并要引导利益相关者对不同利益目标的追求，进而协调利益相关者之间的利益关系。高效的规制，将尽可能使每个利益相关者的权利和责任明确并相互对称；低效甚至无效的规制，则可能会导致激励机制和约束机制的扭曲，滋生机会主义、腐败主义，造成资源浪费和利益相关者利益预期的错位，使利益矛盾关系进一步深化。

2016年以来，中央政府以规划、法令和规范性文件等正式规制来调节利益相关者的利益关系，大体上涵盖两大类规制安排：一是针对去产能行动专门进行的规制安排，如2016年国务院颁布的《关于钢铁行业化解过剩产能实现脱困发展的意见》《关于煤炭行业化解过剩产能实现脱困发展的意见》、2016年工信部规制的《钢铁工业调整升级规划（2016—2020年）》；二是其他规制安排对于去产能的规定，如2016年国家发展改革委出台的《关于支持老工业城市和资源型城市产业转型升级的实施意见》指出，"依法依规淘汰钢铁、煤炭等原材料工业落后产能和处置过剩产能，发展符合市场需求的精深加工产品"。

第二节　去产能进程中利益相关者收益演变过程分析

要揭示去产能进程中利益矛盾关系的演化过程，就必须厘清去产能进程中利益相关者收益演变过程。去产能行动的最终执行者是生产企业，故此处以生产企业"成本—收益"变化分析为主线，在揭示生产企业"成本—收益"变化的同时，揭示地方政府、企业职工及金融机构的"成本—收益"变化。按照产能过剩形成过程和去产能进程，将利益相关者"成本—收益"演变过程分为四个阶段，如图5-1所示，横坐标表示时间，纵坐标表示产能规模。

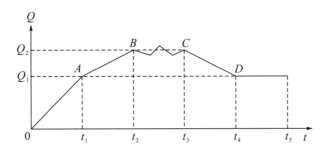

图 5—1　去产能进程中利益相关者收益演变的几个时期

第一个阶段（0~t_1 时刻）：扩大规模生产期。这一阶段市场供给小于市场需求，行业内的生产企业为满足市场需求并增加收益会扩大规模进行再生产。由于市场需求量够大，生产企业可以获得足够多的利润，在利润吸引下，此阶段还会有更多生产企业进入该行业，导致产量由 0 上升至 Q_1（Q_1 为市场均衡量）。各利益相关者因有利可图，所以会利用全部产能进行生产，产能也由 0 上升至 Q_1。

第二个阶段（t_1~t_2 时刻）：产能过剩形成期。这一时期市场供给大于市场需求，市场出现非出清的情况，生产企业面临短期亏损现象。尽管如此，生产企业、地方政府和金融机构对市场仍然持有乐观的态度，行业内的生产企业维持已有产能。同时，仍有少部分生产企业也看好市场潜力而进入该行业，使产能由 Q_1 上升至 Q_2，产能达到峰值，出现市场失灵和地方政府调控失效现象。

第三个阶段（t_2~t_3 时刻）：去产能初期。该阶段中央政府介入以解决市场失灵和地方政府调控失效问题。通过规制介入，中央政府试图改变利益相关者的"成本—收益"结构以达成去产能的一致性行动。尽管生产企业仍然处于亏损状态，一些生产企业甚至已经成为"僵尸企业"，但生产企业、地方政府和金融机构对市场仍然持有乐观的态度，并且可能合谋利用中央政府的利己政策，尽量保住已有的产能，此时产能就围绕 Q_2 上下波动，去产能进程并未得到有效推进，出现中央政府政策失灵现象。

第四个阶段（t_3~t_4 时刻）：去产能中后期。本阶段中央政府采取更加完善的激励和约束制度，通过进一步改变利益相关者的"成本—收益"结构来推动去产能一致性集体行动的达成，使产能由 Q_2 下降至 Q_1，且先进产能的比例得到显著提升。未来一段时间内产能围绕 Q_1 小幅度波动，最终达到相对稳定的状态。这个过程不仅解决了市场失灵和地方政府失效的问题，而且有效改善了中央政府政策失灵的现象，进而实现了去产能目标。

根据各利益相关者利益目标的差异，下面将通过构建简单的函数，进一步分析各阶段各利益相关者的"成本—收益"变化规律，为利益矛盾关系的演化分析奠定理论基础。

一、扩大规模生产期

（一）生产企业

对于生产企业而言，假设在 t 时刻，其生产规模为 Q_t，生产要素只有资本 K_t 和劳动力 L_t 两种。资本与劳动力存在如（5—1）式所示的函数关系。

$$K_t = \gamma_t L_t \tag{5—1}$$

资本投入与生产规模存在如（5—2）式所示的函数关系。

$$Q_t = \beta_t K_t \tag{5—2}$$

生产规模与生产要素投入存在如（5—3）式所示函数关系。

$$Q_t = \beta_t \gamma_t L_t \tag{5—3}$$

令此时市场的价格为 P_t，劳动力价格为 w_t，资本租金率为 1，则生产企业的最大利润函数 $\max \pi_t$ 可以表示为（5—4）式所示。

$$\max \pi_t = \left[P_t Q_t - (\gamma_t L_t + w_t L_t) \right] \tag{5—4}$$

在市场价格 P_t 没有下降或者不存在产能过剩的情况下，要使得生产企业盈利，即 $\pi_t \geq 0$ 时，必须满足 $P_t \geq \dfrac{\gamma_t + w_t}{\gamma_t \beta_t}$ 的条件。假设此时的实际价格 $P_t = \delta_t \dfrac{\gamma_t + w_t}{\gamma_t \beta_t} (\delta_t \geq 1)$，则生产企业的最大利润函数可以表示为如（5—5）所示。

$$\max \pi_t = \left[(\delta_t - 1)(\gamma_t + w_t) L_t \right] \tag{5—5}$$

在 $P_t = \delta_t \dfrac{\gamma_t + w_t}{\gamma_t \beta_t} (\delta_t \geq 1)$ 的情况下，生产企业的利润为正，生产企业会扩大雇佣劳动力，则有 $\dfrac{\partial L_t}{\partial t} > 0$，由（5—1）式可推导出 $\dfrac{\partial K_t}{\partial t} > 0$，即生产企业会继续追加投资，扩大规模再生产。换而言之，劳动力和资本均是关于时间的增函数，此时对利润函数求关于 t 的偏导，可得：

$$\frac{\partial \pi_t}{\partial t} = \frac{\partial \delta_t}{\partial t}(\gamma_t + w_t) + (\delta_t - 1)(\gamma_t + w_t)\frac{\partial L_t}{\partial t} \qquad (5-6)$$

前文假设 $\delta_t \geqslant 1$，且有 $\frac{\partial L_t}{\partial t} > 0$，$w_t > 0$，若要使得 $\frac{\partial \pi_t}{\partial t} > 0$，则需要 $\gamma_t >$ 0 或者 $\gamma_t < w$，分别对（5-1）～（5-2）式求关于 L_t 和 K_t 的导数可得：

$$\frac{\partial K_t}{\partial L_t} = \gamma_t \qquad (5-7)$$

$$\frac{\partial Q_t}{\partial K_t} = \beta_t \qquad (5-8)$$

由（5-7）和（5-8）式可知，$\gamma_t > 0$，所以有 $\frac{\partial \pi_t}{\partial t} > 0$，即生产企业的最大利润函数是关于时间、资本和劳动力的增函数，即生产企业在扩大生产规模的同时，利润持续不断增加。由此可见，只要利润为正，生产企业就会扩大规模再生产，增加雇佣工人，追加投资，进而获得更多的利润。

（二）地方政府

地方政府在生产企业扩大规模再生产的过程中可以获得四个方面的利好。

第一，当地就业水平提高。因为 $\frac{\partial L_t}{\partial t} > 0$，即生产企业在扩大规模再生产的过程中，会提供更多的劳动就业岗位，这对降低失业率发挥了重要作用，有助于实现稳定社会就业的目标。

第二，当地社会财富增加。因为 $\frac{\partial K_t}{\partial t} > 0$，即生产企业在扩大规模再生产的过程中，增加了社会投资，提高了资本存量，有利于社会财富的积累。

第三，当地经济向前发展。假设该企业是当地唯一的企业，地方生产总值用 GDP_t 表示，则 GDP_t 可以表示为如（5-9）式所示的函数。

$$GDP_t = P_t Q_t = \frac{(\gamma_t + w_t)\delta_t}{\gamma_t \beta_t}\gamma_t \beta_t L_t = (\gamma_t + w_t)\delta_t L_t \qquad (5-9)$$

因为 $\delta_t \geqslant 1$，$\gamma_t > 0$，$w_t > 0$，所以 GDP_t 是关于 L_t 的增函数，即生产企业投入劳动力和资本扩大规模再生产的过程会促进地方生产总值的不断上升。

第四，地方政府税收增加。假设地方政府按照 $S_t t(S_t > 0)$ 的比例收税，地方政府税收用 T_t 表示，则 T_t 可以表示为如（5-10）式所示的函数。

$$T_t = S_t(\gamma_t + w_t)\delta_t L_t \qquad (5-10)$$

因为 $\delta_t \geqslant 1$，$\gamma_t > 0$，$w_t > 0$，所以 T_t 是关于 GDP_t 的增函数，即随着当地经济发展水平的不断提高，地方政府的财税收入也会增加。

由此可见，生产企业扩大再生产规模，可以提高当地就业水平、增加当地社会财富、促进当地经济发展及增加地方政府财税收入，这符合地方政府的利益目标追求。

（三）企业职工

对企业职工而言，生产企业在扩大规模再生产的过程中，他们的工资收入和社会福利会得到有效改善。

第一，工资收入增加。假设生产企业执行计件工资制度，全体企业职工的工资收入用 l_t 表示，生产企业按照 $l_t (l_t > 0)$ 的比例发放工资，则全部企业职工的工资收入可以表示为如（5−11）式所示的函数。

$$I_t = l_t \pi_t \tag{5−11}$$

对 I_t 求关于 t 的偏导数得：

$$\frac{\partial I_t}{\partial t} = l_t \frac{\partial \pi_t}{\partial t} \tag{5−12}$$

因为 $l_t > 0$，$\frac{\partial \pi_t}{\partial t} > 0$，则 $\frac{\partial I_t}{\partial t} > 0$，所以 I_t 是关于 π_t 的增函数，即随着生产企业利润的增加，企业职工的收入增加。

第二，社会福利（五险一金）增加。假设全体企业职工的社会福利收入为 ζ_t，企业职工按照 $h_t (h_t > 0)$ 的比例缴纳五险一金，则企业职工的福利收入可以表示为如（5−13）式所示的函数。

$$\zeta_t = h_t l_t \pi_t \tag{5−13}$$

对 ζ_t 求关于 t 的偏导数得：

$$\frac{\partial \zeta_t}{\partial t} = h_t l_t \frac{\partial \pi_t}{\partial t} \tag{5−14}$$

因为 $h_t > 0$，$l_t > 0$，$\frac{\partial \pi_t}{\partial t} > 0$，则 $\frac{\partial \zeta_t}{\partial t} > 0$，所以 ζ_t 是关于 π_t 的增函数，即随着生产企业利润的增加，企业职工的福利增加。

（四）金融机构

对金融机构而言，当生产企业需要追加投资和增加雇佣劳动力时，它们通常选择向银行申请贷款。显然贷款金额与额外资本和劳动力投入呈正比，假设这一比例为 $z_t(z_t > 0)$，此时银行利率为 r_t，则银行获得的生产企业带来的利息收入 RI_t 可以表示为如（5-15）式所示的函数。

$$RI_t = z_t(\gamma_t + 1)L_t \qquad (5-15)$$

对 RI_t 求关于 t 的偏导数得：

$$\frac{\partial RI_t}{\partial t} = z_t(\gamma_t + 1)\frac{\partial L_t}{\partial t} \qquad (5-16)$$

因为 $z_t > 0$，$\gamma_t > 0$，$\frac{\partial L_t}{\partial t} > 0$，则 $\frac{\partial RI_t}{\partial t} > 0$，所以 RI_t 是关于 L_t 的增函数，即生产企业扩大规模再生产可以增加银行的利息收入。

由此可见，在扩大规模生产期，各利益相关者追求的利益目标均可以如期实现，所有利益相关者处于共赢的局面，收益随着产能（资本和劳动）的扩大而增加。

二、产能过剩形成期

生产企业扩大规模再生产，必然会使市场供给持续增加，当市场供给大于市场需求时，就会引起市场价格下降，而在生产成本变化不大的情况下，市场价格下降必然会导致生产企业收益下降。在这个过程中，潜在利益相关者的收益如何变化的呢？下面分两种情况进行分析。

第一种情形：市场价格下降是短期的，市场价格上升是长期的。假设市场价格在 t_1 时刻开始下降，到 t_2 时刻开始上升，且满足 $|t_3 - t_2| >> |t_2 - t_1|$，如图5-2所示。

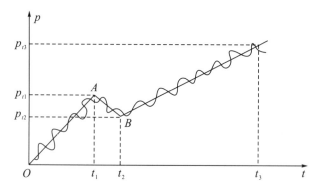

图5-2　利益相关者对市场价格的判断（短期下降，长期上升）

生产企业的利润仍然可以表示为如（5—5）式所示的函数。为求取生产企业在时间段 $t_1 \sim t_3$ 的最大利润 $\max\pi_t$，下面运用微积分求其关于 t 的偏导数。

$$\max\pi_t = \max\left\{\int_{L_{t1}}^{L_{t2}}\int_{\delta_{t1}}^{\delta_{t2}}\left[\frac{\partial\delta_t}{\partial t}(\gamma_t + w_t) + (\delta_1 - 1)(\gamma_t + w_t)\frac{\partial L_t}{\partial t}\right] + \right.$$

$$\left. \int_{L_{t2}}^{L3}\int_{\delta_{t2}}^{\delta_{t3}}\left[\frac{\partial\delta_t}{\partial t}(\gamma_t + w_t) + (\delta_1 - 1)(\gamma_t + w_t)\frac{\partial L_t}{\partial t}\right]\right\} \quad (5-17)$$

由 $|t_3 - t_2| \gg |t_2 - t_1|$ 可知：

$$\int_{L_{t1}}^{L_{t2}}\int_{\delta_{t1}}^{\delta_{t2}}\left[\frac{\partial\delta_t}{\partial t}(\gamma_t + w_t) + (\delta_1 - 1)(\gamma_t + w_t)\frac{\partial L_t}{\partial t}\right] \ll \int_{L_{t2}}^{L3}\int_{\delta_{t2}}^{\delta_{t3}}\left[\frac{\partial\delta_t}{\partial t}(\gamma_t + \right.$$

$$\left. w_t) + (\delta_1 - 1)(\gamma_t + w_t)\frac{\partial L_t}{\partial t}\right] \quad (5-18)$$

在这种情况下，$t_1 \sim t_2$ 时间段，生产企业可能面临亏损，但 $t_1 \sim t_2$ 时间段较短，生产企业会通过向地方政府寻求优惠政策或者向银行申请贷款来挺过这段时间。生产企业拖到 t_2 时刻以后，市场价格回升。各利益相关者在 t_2 时刻以后的收益情形和第一阶段的讨论类似，此处不再赘述。但从我国消费端需求的实际情况来看，一方面，对钢铁、水泥及玻璃等产品的需求总量不会再持续快速上升；另一方面，对绿色环保型钢铁、水泥及玻璃等产品的需求量有所增加，即消费结构发生实质性变化，保持现有产能及技术生产出的产品必定不再有充裕的市场需求，且低质产品价格还会持续下降。

第二种情形：市场价格下降是长期的。市场价格在 t_1 时刻开始下降，到 t_2 时刻开始上升，且满足 $|t_3 - t_2| \ll |t_2 - t_1|$，如图5—3所示。

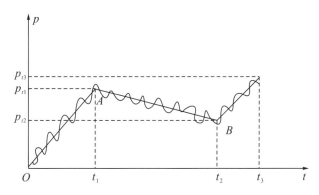

图5—3 利益相关者对市场价格的判断（长期下降）

（一）生产企业

对于生产企业而言，当市场价格长期处于下降状态，且企业生产的产品是技术落后的产品时，市场价格 P_t^* 低于生产企业可以获得最大利润时的价格 P_t，假设 $t_1 \sim t_2$ 时间段内的市场价格 $P_t^* = \delta_t \dfrac{\gamma_t + w_t}{\gamma_t \beta_t}$，$(0 < \delta_t < 1)$ 对 P_t^* 求关于 t 的偏导数可得：

$$\frac{\partial P_t^*}{\partial t} = \frac{\gamma_t + w_t}{\gamma_t \beta_t} \frac{\partial \delta_t}{\partial t} \tag{5-19}$$

因为价格长期处于下降状态，因此有 $\dfrac{\partial \delta_t}{\partial t} < 0$，所以有 $\dfrac{\partial P_t^*}{\partial t} < 0$。此时生产企业的利润仍然可以用（5-5）式所示函数表示。由此可推导出此时的 $\max \pi_t^* < 0$，生产企业的利润为负，处于亏损的状态。在竞争较为充分的市场中，生产企业只是市场价格的接收者，市场价格的下降并不是生产企业可以控制的。通过上述公式来看，生产企业只有通过调控 L_t 来减少生产成本，即使劳动力投入随时间变化呈下降趋势，此时有 $\dfrac{\partial L_t}{\partial t} < 0$，又因为 $K_t = \gamma_t L_t$，则 $\dfrac{\partial K_t}{\partial t} = \gamma_t \dfrac{\partial L_t}{\partial t} < 0$，即生产企业也会选择减少投资。又 $Q_t = \beta_t \gamma_t L_t$，则 $\dfrac{\partial Q_t}{\partial t} = \beta_t \gamma_t \dfrac{\partial L_t}{\partial t} < 0$，即市场价格长期处于下降状态时，生产企业的利润为负，亏损的可能性越来越大。由此可见，从理论上来看，当市场价格长期处于下行状态时，生产企业可以通过裁减劳动力和减少投资来降低生产成本，以降低亏损。

（二）地方政府

对地方政府而言，市场价格长期处于下行状态，会造成以下几个方面的危害：第一，失业水平上升。因为 $\dfrac{\partial L_t}{\partial t} < 0$，即生产企业会通过裁员来缩减生产规模，这将对当地就业造成一定的冲击。第二，减少当地社会财富。因为 $\dfrac{\partial K_t}{\partial t} < 0$，即生产企业会通过减少投资来缩减生产规模，这将对当地资本深化造成一定的冲击。第三，减缓经济增长速度。$GDP_t = \dfrac{(\gamma_t + w_t)\delta_t}{\gamma_t \beta_t} \gamma_t \beta_t L_t = (\gamma_t + w_t)\delta_t L_t$，因为 $\dfrac{\partial L_t}{\partial t} < 0$，$\dfrac{\partial K_t}{\partial t} < 0$，可知 $\dfrac{\partial GDP_t}{\partial t} < 0$，即生产企业通过减少投资和裁员来缩减生产规模，这对当地经济发展水平会造成一定的冲击。第四，地方政府税收减少。假设地方政府同样按照 $S_t (S_t > 0)$ 的比例收税，则税收 $T_t = S_t (\gamma_t + w_t)\delta_t L_t > 0$，因为 $0 < \delta_t \leqslant 1$，所以 T_t 随 GDP_t 的变化而

变化,即随着当地经济发展水平降低,地方政府的财税收入也会降低。

（三）企业职工

对企业职工而言,市场价格长期处于下行状态,会造成以下几个方面的危害:第一,工资收入降低。因为 $\frac{\partial \pi_t}{\partial t} < 0$,则 $\frac{\partial L_t}{\partial t} < 0$,所以 I_t 是关于 π_t 的减函数,即在生产企业不裁员的情况下,随着生产企业利润的减少,企业职工的收入也会减少。第二,失去就业岗位。因为 $\frac{\partial L_t}{\partial t} < 0$,即生产企业通过裁员来缩减生产规模,使部分职工失去就业机会。

（四）金融机构

对金融机构而言,因为 $\frac{\partial L_t}{\partial t} < 0$,则 $\frac{\partial RI_t}{\partial t} < 0$,所以 RI_t 是关于 L_t 的减函数,即生产企业缩减规模时银行的利息收入在不断降低。在产能过剩形成期,各利益相关者均处于利益亏损局面,但他们对市场回暖仍然持乐观态度,生产未遵循市场供需规律,导致市场失灵和地方政府调控失效。

三、去产能进程初期

前文论证了各利益相关者并不会遵循市场规律,主动淘汰落后产能,使去产能进程中同时存在市场失灵和地方政府调控失效的问题。因此,中央政府必须介入,引导各利益相关者去产能。各利益相关者之所以不愿意主动去产能,是因为去产能的收益不是其所期望的。所以,中央政府会进行制度安排以调节利益相关者的成本收益,进而协调去产能进程中各利益相关者之间的利益矛盾关系,以引导潜在利益相关者达成共同去产能的一致性集体行动。

在去产能的初期,中央政府寄希望于通过激励性规制来引导各利益相关者去产能,在生产企业淘汰掉落后的劳动力、落后的生产设备及低质量产品后给予相应的奖补资金。这要求中央政府精准去掉现阶段不允许再生产的落后产品。在这个过程中,各利益相关者的收益如何变化呢?

（一）生产企业

对生产企业而言,设生产企业淘汰落后产能 $K_i^{去}$ 和解雇劳动力 $L_i^{去}$,可获得相应的奖补 $\nu_t K_i^{去}(0<\nu_t<1)$ 和 $\upsilon_t L_i^{去}(0<\upsilon_t<1)$,此时要求精准去掉现阶段

不允许再生产的落后产品产量 $Q_t^{去}$，则去产能后生产企业的资本、劳动力投入及产量分别可以表示为如下函数：

$$K_t^* = K_t - K_t^{去} \tag{5-20}$$

$$L_t^* = L_t - L_t^{去} \tag{5-21}$$

$$K_t^* = \gamma_t L_t^* \tag{5-22}$$

$$Q_t^* = Q_t - Q_t^{去} \tag{5-23}$$

可以得到此时生产企业的最大利润函数：

$$\max \pi_t^* = [P_t Q_t^* - (\gamma_t L_t^* + w_t L_t^*) + \nu_t K_t^{去} + \upsilon_t L_t^{去}] \tag{5-24}$$

对利润函数求关于 t 的偏导可得：

$$\frac{\partial \pi_t^*}{\partial t} = \frac{\partial \delta_t}{\partial t}(\gamma_t + w_t)(\delta_t - 1 + \eta_t)(\gamma_t + w_t)\frac{\partial L_t^*}{\partial t} \tag{5-25}$$

由于公式增加了 η_t 项，所以有 $(\delta_t - 1 + \eta_t) > (\delta_t - 1)$，则有 $\frac{\partial \delta_t}{\partial t}(\gamma_t + w_t)(\delta_t - 1)(\gamma_t + w_t)\frac{\partial L_t^*}{\partial t} < \frac{\partial \delta_t}{\partial t}(\gamma_t + w_t)(\delta_t - 1 + \eta_t)(\gamma_t + w_t)\frac{\partial L_t^*}{\partial t}$，故可以得到 $\max \pi_t^* \ll \max \pi$，即中央政府给予生产企业去产能奖补，还是不能达到其扩大规模再生产阶段的利润。当 $(\delta_t - 1 + \eta_t) > 0$ 时，生产企业的利润 $\max \pi_t^* > 0$，在缺乏中央政府督察的情况下，生产企业则更不会自愿去产能，反而可能上报虚假去产能数据，利用奖补资金恢复生产，并最终导致中央政府去产能奖补政策失效。

（二）地方政府

对地方政府而言，地方政府淘汰落后产能 $K_t^{去}$ 和解雇劳动力 $L_t^{去}$，可获得相应的奖补 $\nu_t K_t^{去}(0 < \nu_t)$ 和 $\upsilon_t L_t^{去}(0 < \upsilon_t)$。中央政府奖补控制了地方失业风险，解决了社会稳定问题，同时更好地贯彻落实了绿色发展理念，但对当地仍然会造成很多不利的影响。第一，当地存在 $K_t^{去}$ 的人员失业。第二，当地损失 $K_t^{去}$ 的资本存量。第三，当地损失 $P_t Q_t^{去}$ 的生产总值。第四，当地损失 $S_t P_t Q_t^{去}$ 的财税收入。可见，这点补贴无异于杯水车薪，难以抵消失业、经济增长滞缓等对当地带来的不利影响。所以，在缺乏中央政府督察的情况下，地方政府就可能与生产企业合谋，利用奖补资金帮助当地企业渡过难关，最终导致中央政府去产能奖补政策失效。

（三）企业职工

对企业职工而言，生产企业解雇劳动力 $L_1^{去}$，虽然被解雇的工人能获得一定补贴，但他们毕竟失去了就业的机会。

（四）金融机构

对金融机构而言，生产企业淘汰落后产能 $K_1^{去}$ 和解雇劳动力 $L_1^{去}$ 的实质就是缩减生产规模，从理性"经济人"的角度来看，这对银行并不是什么好事。一方面，整个行业缩减生产规模意味着向银行申请贷款的生产企业减少，银行获得贷款利息的收入来源减少。另一方面，"僵尸企业"可能直接退出市场，这种情况下银行有可能收不回贷款本金及利息。

由此可见：中央政府将奖补政策重心放在精准解雇劳动力 $L_1^{去}$ 和精准淘汰落后生产设备 $K_1^{去}$ 上，虽然弥补了利益相关者（生产企业、地方政府和企业职工）的部分损失，但仍然未达到生产企业和地方政府的预期，使他们寄希望于市场，合谋拖延去产能进程，导致"死灰复燃"和"越去越多"的现象时有发生，不能完全去掉落后的产能，从而严重影响了去产能的进程和效率，使中央政府政策阶段性失效。

四、去产能进程中后期

去产能奖补政策的实行并未达到中央政府的预期，中央政府需要进一步健全去产能制度。在去产能进程中后期，中央政府加大了督察力度并通过改变激励的方式来纠正各利益主体的行为。这个过程中，各利益相关者的收益如何变化？下面分两种情形展开论述。

（一）第一种情形：中央政府强化去产能巡视和环保督察，加大处罚力度

党的十九大以来，党中央对多省市党委进行巡视，强调落实党中央去产能重大决策是地方党委、政府和企业的重大政治任务，地方党委和政府如果不落实党中央的重大决策，将面临行政处罚的风险。与此同时，中央政府也将去产能纳入环保督察范围，并出台《关于水泥玻璃行业淘汰落后产能专项督查情况的通报》（环办环监函〔2017〕1186号）《关于推进实施钢铁行业超低排放的意见》（环大气〔2019〕35号）、《关于印发打赢蓝天保卫战三年行动计划的通

知》等文件，提高对过剩产业的环保督察力度。在强监督规制下，生产企业和地方政府的收益是如何变化的呢？

1. 生产企业

对生产企业而言，假设 K_t^* 中还有 $K_t^{*去}$ 的落后生产设备未去掉，则生产企业受到中央政府的处罚 $\psi_t K_t^{*去}(\psi_t > 0)$，落后产能不符合环保要求，受到中央政府的处罚 $\vartheta_t K_t^{*去}(\vartheta_t > 0)$，$L_t^*$ 中还有 $L_t^{*去}$ 的落后生产力（劳动力）未去掉，则生产企业受到中央政府的处罚 $\zeta_t L_t^{*去}(\zeta_t > 0)$，还有 $Q_t^{*去}$ 的落后产品被生产出来，生产企业的最大利益函数 $\max\pi_t^*$ 可以表示为如（5-26）式所示的函数：

$$\max\pi_t^{*\odot} = \left[P_t^r Q_t^* - (\gamma_t L_t^* + w_t L_t^*) - (\psi_t + \vartheta_t) K_t^{*去} - \zeta_t L_t^{*去} \right]$$

$$(5-26)$$

此时，中央政府不仅不给予奖补，而且坚决给予处罚，显然 $\max\pi_t^{*\odot} \ll \max\pi_t^* \ll \max\pi_t$。对于生产企业而言，在中央政府巡视和环保督察的情况下如果不执行去产能政策，收益会更少。

2. 地方政府

对地方政府而言，未完全去掉的过剩产能对地方政府有以下几个方面的利好：首先，保住了当地 $L_t^{*去}$ 的人员的就业岗位。其次，保住了当地 $K_t^{*去}$ 的资本存量。再次，保住了当地损失 $P_t^r Q_t^{*去}$ 的生产总值。最后，保住了当地 $S_t P_t^r Q_t^{*去}$ 的财税收入。但未完全去掉的过剩产能也使地方政府面临以下两个方面的损失：一是过剩产能处罚 $\nu_t^A K_t^{*去}(0 < \nu_t)$ 和 $\upsilon_t^A L_t^{*去}(0 < \upsilon_t)$，二是行政处罚和声誉损失 F。党的十九大后，中央政府将去产能视为政治任务，地方政府未积极贯彻落实去产能政策的风险成本 F 远大于地方政府的收益。所以，在中央政府巡视和环保督察的情况下，如果不执行去产能政策，地方政府的收益损失更大。

3. 金融机构

对金融机构而言，中央政府巡视如发现银行违规贷款支持生产企业扩大产能，涉事银行同样要受到严惩。这表明不执行去产能政策，金融机构的收益损失也将增大。

（二）第二种情形：改变奖补方式，对生产企业技术创新和地方政府培育新产业进行奖补

落后产能往往是技术落后、产品质量低、资源消耗多、环境污染严重的产

能。因此，去产能与创新驱动发展和绿色发展是高度协调的。在鼓励技术创新的背景下，生产企业和地方政府的收益是如何变化的呢？

1. 生产企业

对生产企业而言，中央政府奖补方式分为直接奖补下岗职工和对技术创新进行奖补两种形式。

一是直接奖补下岗职工。在督察巡视后，中央政府选择直接奖补下岗企业职工。假设生产企业去掉全部过剩产能后，资本、劳动力投入分用 K_t^i 和 L_t^i 表示，产量用 Q_t^i 表示，则有：

$$K_t^i = K_t^* - K_t^{*去} \tag{5-27}$$

$$L_t^i = L_t^* - L_t^{*去} \tag{5-28}$$

$$Q_t^i = Q_t^* - Q_t^{*去} \tag{5-29}$$

$$\max\pi_t^i = [P_t^i Q_t^i - (\gamma_t L_t^i + w_t L_t^i)] \tag{5-30}$$

对利润函数求关于 t 的偏导，可得：

$$\frac{\partial \pi_t^i}{\partial t} = \frac{\partial \delta_t}{\partial t}(\gamma_t + w_t)(\delta_t - 1)(\gamma_t + w_t)\frac{\partial L_t^i}{\partial t} \tag{5-31}$$

因为 $0 < \delta_t < 1$，$\gamma_t > 0$，$w_t > 0$ 且 $\frac{\partial L_t^i}{\partial t} > 0$，所有 $\max\pi_t^i < 0$，还可以得出 $\max\pi_t^{*\odot} < \max\pi_t^i \ll \max\pi_t^* \ll \max\pi_t$。这种直接奖补下岗职工的方式可以真正切断生产企业与 $L_t^{*去}$ 的关系。

二是对技术创新进行奖补。在前面的讨论中，虽然我们在形式上假设出 β_t、w_t、γ_t、v_t 和 υ_t，但在实际计算过程中一直将其作为常量处理。根据 (5-2) 式可知，$\beta_t = \frac{Q_t}{K_t}$，其实质就是产出与资本之比，也可以看成技术进步率。根据 (5-1) 式可知，$\gamma_t = \frac{K_t}{L_t}$，由此可得 $\beta_t \gamma_t = \frac{Q_t}{L_t}$，其实质就是产量与劳动力之比，因此也可以看成劳动生产率。人力资本是技术进步的载体，先进的技术需要先进的人来开发掌握，劳动力素质的提升会提高劳动生产率。

先进技术生产高品质的产品，落后技术生产低品质的产品。假设生产企业采用先进技术时，其生产规模为 Q_t^A，生产要素投入为 K_t^A 和 L_t^A。同时可以获得中央政府的技术创新奖补 $v_t K_t^A(0 < v_t)$ 和 $\upsilon_t L_t^A(0 < \upsilon_t)$。则有：

$$K_t^A = \gamma_t L_t^A \tag{5-32}$$

$$Q_t^A = \beta_t K_t^A \tag{5-33}$$

$$Q_t^A = \beta_t \gamma_t L_t^A \tag{5-34}$$

则生产企业的最大利润函数 $\max\pi_t^A$ 可以表示为如（5-35）式所示的函数：

$$\max\pi_t^A = \left[P_t^A Q_t^A - (w_t^A L_t^A + K_t^A) + v_t^A K_t^A + v_t^A L_t^A \right] \tag{5-35}$$

在生产企业技术创新期间，往往存在 $P_t^A Q_t^A \leqslant (w_t^A L_t^A + K_t^A)$ 的情形，生产企业处于不盈利甚至亏损的状态，当 $\left| P_t^A Q_t^A - (w_t^A L_t^A + K_t^A) \right| \leqslant v_t^A K_t^A + v_t^A L_t^A$，则 $\max\pi_t^A \geqslant 0$，即中央政府对生产技术的奖补资金足以弥补生产企业亏损部分，那么生产企业就能挺过技术创新的过渡期。

长远来看，企业生产的新技术产品供不应求，市场价格长期呈现出稳中上升的趋势，当 $P_t^A \geqslant \dfrac{\gamma_t^A + w_t^A}{\beta_t^A \gamma_t^A}$ 时，则一定有 $P_t^A Q_t^A \geqslant (w_t^A L_t^A + K_t^A)$，即 $\max\pi_t^A > 0$，即使中央政府此时停止奖补，生产企业也可以获得正常利润。只要生产企业有正常的利润收入，生产企业就会增加雇佣的劳动力，增加投入资本，从而增加产量并扩大生产规模，最终实现利润的增长。

2. 地方政府

对地方政府而言，积极培育高新技术产业，前期的投入成本是相当高的，但可因此获得中央政府政的奖补 $v_t^A K_t^A (0 < v_t)$ 和 $v_t^A L_t^A (0 < v_t)$。只要中央政府的奖补资金能支持地方政府挺过高新技术产业培育过渡期，长远来看，培育高新技术产业对地方政府而言是有利的。第一，就业质量提高。虽然当地存在 $K_t^{\pm}$ 的人员失业，但增加了 L_t^A 的高质量就业人员。第二，资本质量提高。虽然当地损失了 $K_t^{\pm}$ 的资本存量，但增加了 K_t^A 的高质量资本积累。第三，经济发展质量提高。虽然当地损失了 $P_t Q_t^{\pm}$ 的生产总值，但拥有了 $P_t^A Q_t^A$ 的高质量经济增量。第四，财税收入优化。虽然当地损失了 $S_t P_t Q_t^{\pm}$ 的财税收入，但增加了 $S_t P_t^A Q_t^A$ 的优质财税收入。

3. 企业职工

对企业职工而言，新技术产品可以给企业带来更多利润收入，使在岗技术工人的工资收入与社会福利都得到相应提升，而下岗工人则可利用补贴资金进行创业和去其他行业再就业。

4. 金融机构

对金融机构而言，生产企业扩大高新技术产品生产规模，需要购买新设备和雇佣新技术人员，这就需要向银行申请贷款，银行因此获得利息收入。

由此可见，去产能中后期，中央政府加大督察力度并通过改变激励的方式来调节利益相关者的收益，逐渐实现各利益相关者的收益最大化，改善了市场失灵和地方政府调控失效的现象，解决了中央政府政策失灵问题。

第三节　去产能进程中利益矛盾关系的演化过程分析

利益相关者对利益目标的追求不同必定形成差异化的收益，收益非一致性是利益矛盾关系产生的根本原因，而收益函数的动态变化也会导致利益矛盾关系演化。以上文对去产能进程中利益相关者收益演变过程的分析为基础，分析产能过剩形成期、去产能初期及去产能中后期三个阶段利益矛盾关系的演化，如图5-4所示。在扩大规模生产期，各利益相关者是共赢的，在去产能这件事上不存在利益矛盾关系，故不再分析。

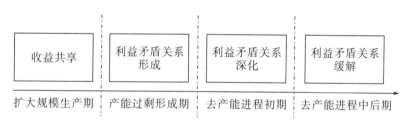

图5-4　去产能进程中利益矛盾关系的演化过程

一、利益相关者之间的利益矛盾关系形成分析

在产能过剩形成期，不同利益相关者利益目标的不同，中央政府与地方政府、生产企业、企业职工、金融机构之间的纵向利益具有一定矛盾关系，影响地方政府与地方政府、生产企业与生产企业之间横向利益，如图5-5所示。

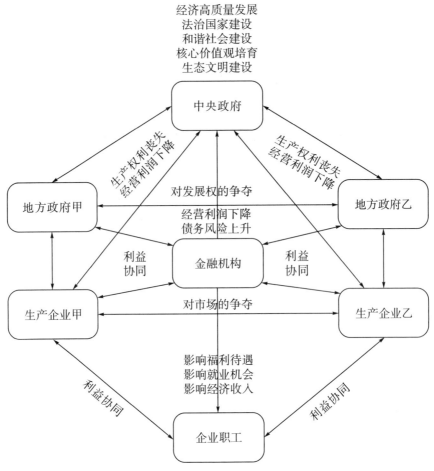

经济高质量发展
法治国家建设
和谐社会建设
核心价值观培育
生态文明建设

图 5-5　产能过剩形成期利益矛盾关系格局

二、利益相关者之间利益矛盾关系化解分析

为进一步解决市场失灵、地方政府调控失效和中央政府政策失灵的问题，在去产能进程中后期，中央政府加大了督察力度并通过改变激励方式进一步调节利益相关者的"成本—收益"结构，从而缓解甚至化解利益失衡问题。中央政府缓解利益矛盾关系的方式主要有以下几个：第一，中央政府强化去产能巡视和环保督察力度，通过加强对生产企业、地方政府及金融机构的处罚力度来提高利益相关者不作为的代价从而缓解利益矛盾关系。第二，中央政府加大技术创新和新产业培育奖励力度，通过减少生产企业技术创新和地方政府培养新产业过程中的亏损来缓解利益矛盾关系。第三，中央政府对企业职工进行直接

补偿，安置好下岗职工，并大力支持下岗职工创业及再就业，从而缓解利益矛盾关系。

三、利益类型之间的矛盾关系表现分析

去产能进程中，不同利益类型之间也存在矛盾关系，主要表现在政府（包括中央政府与地方政府）这一利益主体层面。其中，经济利益与文化利益、政治利益与文化利益、社会利益与文化利益、生态利益与文化利益之间主要为协同关系，经济利益与政治利益、经济利益与社会利益、经济利益与环境利益之间主要为矛盾关系。下面着重对矛盾关系进行分析，如图 5-6 所示。

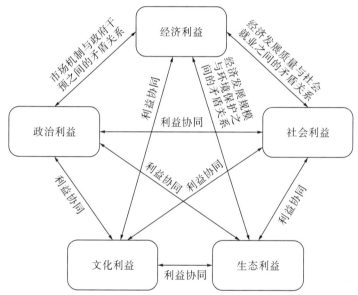

图 5-6　去产能进程中的利益类型之间的矛盾关系格局

（一）经济利益与政治利益之间的矛盾关系

经济利益与政治利益之间的矛盾关系实质是市场与政府间的矛盾关系。一些地方领导可能源于通过绩效考核和实现政治晋升的政治利益目标追求，违背市场规律，支持当地钢铁、煤炭及水泥等企业发展，以获得 GDP 的快速增长，同时造成产能过剩。理论与实践证明，市场是资源配置最有效的形式，去产能就要厘清市场与政府机制的关系，找准市场自发调节与政府宏观调控的边界，真正让市场竞争机制在去产能及经济结构转型升级中占主导地位，发挥市场机制的核心调节作用。但需要注意的是，将去产能和经济结构调整全部交给市场

处理更不符合我国正面临产能过剩所引发的一系列不确定风险和复杂利益关系的现实国情。在一些市场经济不完善、经济发展落后以及失业风险突出的地区，中央政府不得不介入并发挥兜底作用。所以，市场与政府利益的矛盾关系将伴随整个去产能进程。要缓和市场与政府利益的矛盾关系，就必须并弄清，哪些地区和领域应主要依靠市场力量解决产能过剩问题，哪些地区和领域需要依靠政府力量介入。

（二）经济利益与社会利益之间的矛盾关系

经济利益与社会利益之间的矛盾关系实质是经济高质量发展与维护社会稳定之间的矛盾关系。去产能主要解决我国经济供给侧存在的无效和低端供给问题，以及要素配置扭曲、不公平竞争等问题，以实现经济高质量发展为主要目标。然而，产能过剩企业为社会提供了大量的就业岗位，去产能就意味着减岗裁员，这不仅会在钢铁、煤炭、水泥及电解铝等产能过剩行业直接导致 150 万～300 万人失业，还会在上游原材料提供行业和下游产品消纳行业间接导致150 万～300 万人失业，总体失业人数可能在 300 万～600 万人（张杰、宋志刚，2016）。失业人员多为中年人，他们承担的家庭责任较大，转岗及再就业难度也较大。如何保障这部分失业人员及其家庭以后的生活，是中央政府需要慎重考虑的问题。

（三）经济利益与生态利益之间的矛盾关系

经济利益与生态利益之间的矛盾关系实质是扩大经济发展规模与保护生态环境间的矛盾关系。去产能也是一项生态文明建设革命，旨在通过淘汰落后产能、企业技术转型升级，提高资源利用率、减少污染排放，使钢铁、水泥、电解铝等行业产能总量与环境承载力、资源保障量相匹配，这将在很大程度上改善我国生态、生产及生活环境。但钢铁、水泥和电解铝产业往往担负着支撑一些地区经济发展的重任，在没有充分谋划替代产业和新兴产业的情况下，采取"一刀切""一锅端"的激进主义去掉现有过剩产业，将会引发当地产业转型断档风险，这势必会拖累当地经济发展，且债务风险、金融风险及失业风险也可能接踵而至。

第四节　本章小结

本章从扩大规模生产期、产能过剩形成期、去产能初期及去产能中后期四个阶段，从理论上推导了这四个阶段各利益相关者"成本—收益"的演变情况，在此基础上分析了利益矛盾关系的演变规律，得出以下主要结论：第一，扩大规模生成期，各利益相关者追求的利益目标均可以如愿实现，所有利益相关者处于共赢局面，收益均随着产能（资本和劳动）的扩大而增加。产能过剩形成期，各利益相关者均处于利益亏损局面，但对市场回暖仍然持乐观态度，各利益相关者未按照市场规律进行生产，导致市场失灵和地方政府调控失效。中央政府的奖补政策将重心放在精准解雇劳动力和精准淘汰落后生产设备上，虽然弥补了利益相关者（生产企业、地方政府和企业职工）的部分损失，但仍然未达到其预期。生产企业寄希望于市场，从而严重影响了去产能的进程和效率。去产能中后期，中央政府加大督察力度并通过改变激励的方式来调节利益相关者的收益，各利益相关者的收益均可以实现最大化，解决了市场失灵和地方政府调控失效的问题，改善了中央政府政策失灵现象。第二，纵向来看，在产能过剩形成期，中央政府追求整体利益、长远利益，与一些地方政府、生产企业、金融机构及企业职工追求局部利益、短期利益和既得利益之间存在利益矛盾关系；在去产能初期，中央政府激励规制介入后，并未有效缓解各利益相关者之间的矛盾关系；在去产能中后期，中央政府强化激励规制和约束规制，各利益相关者的利益矛盾关系得到缓解。横向来看，在去产能进程中，政府层面上，经济利益与政治利益、经济利益与社会利益、经济利益与环境利益的矛盾关系为主要矛盾关系。第三，当中央政府相关规制介入时，利益矛盾关系向着不同的方向演化，总体表现为利益主体行为由对立向协作演化、利益目标由对立向协调演化、利益分配由不平衡向共享演化。

第六章 去产能进程中的利益主体行为研究

去产能涉及多个利益相关者，多个利益相关者达成一致性集体行为才能实现去产能的目标，但现实是利益相关者之间目标的不一致导致其在短时期内难以达成一致性集体行为，而形成较为复杂的利益矛盾关系，这就要求中央政府介入。而中央政府规制介入将引起利益相关者成本收益函数变化，进而导致利益相关者行为选择发生变化，最终促进利益矛盾关系演化。所以分析利益相关者行为选择及其满足的条件，可为利益协调机制的构建提供依据。本章在分析利益相关者行为选择内在逻辑的基础上，以有限理性和利益最大化为利益相关者策略选择的前提为基本命题，通过构建演化博弈模型重点分析中央政府、地方政府及生产企业策略行为选择的均衡条件，并通过政府出台的政策文本及公开的去产能信息、新闻及相关报道对中央政府、地方政府及生产企业的策略行为加以验证。

第一节 利益相关者行为选择的内在逻辑分析

一、地方政府行为选择的内在逻辑分析

当中央政府规制介入去产能进程中时，中央政府对地方政府的行为逻辑有两种判断：第一，多数地方政府会自觉积极执行去产能政策，落实淘汰落后产能、指导企业兼并重组、统筹职工安置及做好相应的监督管理等工作；第二，个别地方政府会被动消极执行去产能政策，不完成或少完成中央政府分配的去产能指标任务。地方政府到底更青睐哪一种行为，取决于中央政府的政策引导。因此，如何把握去产能规制的强度需要中央政府的正确引导。针对地方政府的行为逻辑，中央政府会相应地形成强监管和弱监管行为逻辑。如果中央政府对地方政府的激励与约束不够，就会影响地方政府的应对策略，中央政府去

产能行为与地方政府保产能行为就会产生矛盾。如果中央政府加强对地方政府的激励与约束，地方政府就会选择积极配合，中央政府去产能与地方政府保产能的行为的矛盾就会缓解，最终演化为中央政府去产能与地方政府去产能的协同行为。与此同时，地方政府之间争相保产能的行为得以缓解或协调，最终演化为地方政府与地方政府争相去产能策略的协同行为。

二、生产企业行为选择的内在逻辑分析

当中央政府规制介入去产能进程中时，中央政府对生产企业的行为逻辑有两种判断：第一，生产企业会执行去产能政策，包括淘汰落后产能、"僵尸企业"主动退出市场、企业兼并重组及主动进行技术升级等；第二，生产企业会被动执行去产能政策，选择拖延去产能进度、向政府提供虚假产能信息、与金融机构合谋等不利于去产能的行为。生产企业到底更倾向哪一种行为，完全取决于地方政府的行为取向和中央政府规制介入的强度：如果地方政府积极执行去产能政策，则其与中央政府处于同一利益集团，此时，中央政府通过产能规制引导生产企业，生产企业会选择强执行策略，使中央政府去产能与生产企业保产能的对立行为得以缓解，逐渐演化为中央政府去产能、地方政府去产能与生产企业去产能的协同行为。与此同时，生产企业之间争相保产能的对立行为也得以缓解，逐渐演化为生产企业争相去产能的协同行为。如果地方政府消极执行去产能政策，则地方政府与生产企业属于同一利益阵营，这种情况下，中央政府去产能的行为与生产企业保产能的行为将保持对立。

三、企业职工行为选择的内在逻辑分析

当中央政府规制介入去产能进程中时，中央政府对企业职工的行为逻辑有两种判断：第一，企业职工会积极执行去产能政策，会做出接受岗位调整、下岗补贴及再就业扶持等一系列有利于去产能的行为；第二，企业职工会消极执行去产能政策，会产生对岗位调整、下岗补贴及再就业扶持等一系列政策的不满情绪，从而不利于去产能。企业职工到底更青睐哪一种行为，取决于生产企业的行为取向：如果生产企业选择强执行去产能政策，用中央政府的产能规制引导企业职工，中央政府去产能与企业职工"保岗位""增补偿""争保障"的对立行为将得以缓解，并逐渐演化为中央政府去产能与企业职工去产能的协同行为；如果生产企业选择弱执行去产能政策，其与企业职工处于同一利益集团，

中央政府去产能与企业职工"保岗位""增补偿""争保障"的行为对立将维持下去。

四、金融机构行为选择的内在逻辑分析

当中央政府规制介入去产能进程中时，中央政府对金融机构的行为逻辑有两种判断：第一，金融机构会积极执行去产能政策，出现规范贷款（如严控对"僵尸企业"和不合规项目的贷款、支持对有前景企业转型升级的贷款）等有利于去产能的行为；第二，金融机构会消极执行去产能政策，出现违规贷款（如支持向"僵尸企业"提供贷款、随意支持企业新增产能贷款）等不利于去产能的行为。金融机构到底更倾向哪一种行为，完全取决于地方政府的行为取向：如果地方政府自觉积极执行去产能政策，与中央政府处于同一利益集团，用中央政府的产能规制去引导金融机构，金融机构则会选择规范贷款行为，从而使中央政府去产能与金融机构违规贷款的行为对立得以缓解，并逐渐演化为中央政府去产能、地方政府去产能与金融机构去产能的协同行为。如果地方政府消极执行去产能政策，地方政府与金融机构处于同一利益阵营，这种情况下，中央政府去产能与金融机构违规贷款的行为对立将维持下去。

五、利益相关者行为选择博弈过程分析

总体而言，去产能进程中利益相关者的行为具有重复和反复性特征，如图6-1所示。第一阶段：中央政府推动去产能工作的实施，若地方政府、生产企业、企业职工及金融机构等利益相关者均积极参与，去产能将取得预期效果，各利益相关者博弈行为就此结束。如果地方政府、生产企业、企业职工及金融机构等利益相关者中有一类及以上主体不积极配合中央政府去产能工作，去产能将不会取得预期效果，此时若中央政府选择妥协，最终将导致去产能失败；若中央政府选择实施约束与激励机制，各利益相关者的博弈行为将进入第二阶段。第二阶段同理，若地方政府、生产企业、企业职工及金融机构等利益相关者均积极参与，去产能将会取得预期效果，各利益相关者博弈行为就此结束。如果地方政府、生产企业、企业职工及金融机构等利益相关者中有一类及以上主体不积极配合中央政府去产能工作，去产能将不会取得预期效果，此时，若中央政府选择妥协，最终将导致去产能失败；若中央政府选择实施更强的约束与激励机制，各利益相关者的博弈行为将进入第三阶段。自此，各利益

相关者的行为博弈进入重复和反复阶段，直到达成集体一致性行为。

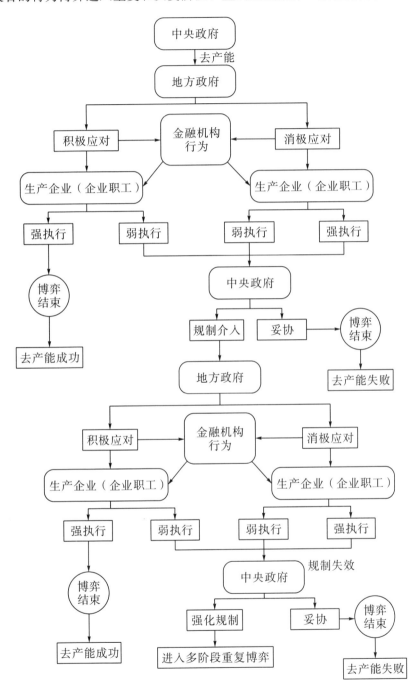

图 6-1 利益相关者博弈进程框架图

第二节 利益相关者行为选择的演化博弈分析

博弈论是现代经济学中一种重要的研究方法，将人类的冲突和协调纳入经济学范畴，试图对人类的各种经济活动给出一个科学合理的解释。第五章第二节以生产企业为主线从理论上分析了各利益相关者的收益变化过程，并结合我国去产能的实际情况对各利益相关者的行为选择做了初步分析。此部分在此基础上构建演化博弈模型，重点分析在中央政府规制介入后，中央政府、地方政府与生产企业策略行为选择演化的均衡条件。

演化博弈论（Evolutionary Game Theory）不再将人类模型化为超级理性的博弈方，而认为人类通常是通过试错的方法达到博弈均衡的，这一理论与生物进化原理具有共性，强调均衡是动态演化过程的函数，因而历史、制度因素以及达到均衡过程中的某些细节均会对博弈中的多重均衡的选择产生影响。在演化博弈论中，行为主体被假设为程序化地采用某一既定行为。演化博弈论认为经济规律或某种成功的行为规则、行为策略是在演化的过程中不断修正和改进的，成功的策略被模仿，进而产生一些一般的规则和制度作为行为主体的行动标准。去产能进程中各利益相关者的行为博弈符合演化博弈过程，因此运用演化博弈模型作为分析工具可行。

一、基本假设

（1）参与主体假设。去产能博弈中的参与主体有中央政府、地方政府和生产企业。其中，中央政府是去产能的委托者，地方政府是去产能的代理者，生产企业是去产能的准执行者。三者均是行为策略的制定者和执行者。

（2）有限理性"经济人"假设。在去产能进程中，中央政府追求整体利益和长远利益。地方政府与中央政府具有相同性质的利益目标，但一些地方政府更强调短期和局部的利益目标，而且在财政分权以后，这些地方政府企业化特征凸显，地方政府间的竞争如同市场上企业之间的竞争，因此这些地方政府以追求各自辖区经济的快速增长、财税收入规模扩大、领导干部职场晋升及更高的社会就业水平等为利益目标。生产企业主要以追求利润最大化或成本最小化为目标。中央政府、地方政府和生产企业均是有限理性"经济人"，其策略行为选择随时间逐渐稳定，趋于最优策略。

（3）策略类型假设。在去产能政策实施后，生产企业可以选择强执行（X）或者弱执行（$1-X$）两种策略。地方政府可以选择积极应对（Y）或者消极应对（$1-Y$）两种策略。中央政府可以选择监管（Z）或者不监管（$1-Z$）两种策略。X，Y，Z 满足 $0 \leqslant X \leqslant 1$，$0 \leqslant y \leqslant 1$，$0 \leqslant z \leqslant 1$。

（4）支付函数假设。此处不再以第五章第二节关于利益相关者收益变化的分析为基础，为方便分析，此处简化了函数中字母的设置。

①生产企业。假设生产企业选择强执行策略的生产成本为 c_1，去产能带来技术创新的预期收益为 γ_1，还可获得中央政府的奖补 $\bar{\omega}_1$；生产企业选择弱执行策略时的生产成本为 $c_2(c_1 > c_2)$，此时，生产企业和地方政府存在合谋的冲动，令合谋成本为 $c_合(c_合 < c_1 - c_2)$，为了降低中央政府发现其并未真实去产能的可能，生产企业还需要付出一定的伪装成本 $c_伪$，但由此可能受到中央政府的处罚 f_1。

②地方政府。地方政府选择积极应对策略时，去产能带来产业结构转型升级的预期收益为 γ_2，可获得中央政府的奖补 $\bar{\omega}_2$，经济增速放缓、财税收入减少和社会失业等带来的损失为 c_3；地方政府选择消极应对策略时，由于我国实施的是以 GDP 为核心的政绩考核制度，部分地方政府可能与生产企业合谋，令地方政府的合谋成本为 $c_合^*$，但地方政府由此可能受到中央政府的处罚 f_2。

③中央政府。当中央政府不监管时，如果生产企业选择弱执行策略、地方政府选择消极应对策略，过剩的产能会给中央政府带来经济通缩、债务率高及金融违约等潜在经济危机风险 l，并对中央政府的声誉和公信力造成损失 I；中央监管需要付出监管成本 $c_4(c_4 < I)$；如果生产企业选择弱执行策略，则可获得对生产企业的处罚收入 f_1，如果生产企业选择强执行策略，则需要对生产企业进行奖补 $\bar{\omega}_1$，同时让中央政府获得经济高质量发展的预期收益 π。如果地方政府选择消极应对策略，则可获得对地方政府的处罚收入 f_2；如果地方政府选择积极应对策略，则需要对地方政府奖补 $\bar{\omega}_2$。

二、模型构建

根据以上基本假设，生产企业、地方政府与中央政府的混合策略博弈支付矩阵如表 6-1 所示。

表 6-1　生产企业、地方政府与中央政府的混合策略博弈支付矩阵

地方政府			中央政府	
			监管（Z）	不监管（$1-Z$）
生产企业	强执行（X）	积极应对（Y）	$\gamma_1 - c_1 + \bar{\omega}_1,\ \gamma_2 + \bar{\omega}_2 - c_3,$ $-c_4 - \bar{\omega}_1 - \bar{\omega}_2 + \pi$	$\gamma_1 - c_1,\ \gamma_2 - c_3,\ \pi$
		消极应对（$1-Y$）	$\gamma_1 - c_1 + \bar{\omega}_1,\ \gamma_2 - c_合^* - f_2,$ $-c_4 - \bar{\omega}_1 + f_2 + \pi_1$	$\gamma_1 - c_1,\ \gamma_2 - c_合^*,\ \pi$
	弱执行（$1-X$）	积极应对（Y）	$-c_2 - c_伴 - f_1,\ \gamma_2 + \bar{\omega}_2 - c_3,$ $-c_4 + f_1 - \bar{\omega}_2$	$-c_2 - c_伴,\ \gamma_2 - c_3,\ 0$
		消极应对（$1-Y$）	$\gamma_1 - c_2 - c_伴 - c_合 - f_1,\ \gamma_2 - c_合^* + c_合 - f_2,$ $-c_4 + f_1 + f_2 - l$	$\gamma_1 - c_2 - c_伴 - c_合,$ $\gamma_2 - c_合^* + c_合,\ -l - I$

（一）生产企业策略选择的复制动态方程构建

当生产企业分别选择弱执行或强执行策略时，生产企业的期望收益函数分别为 U_X、U_{1-X}，平均收益函数为 $\overline{U_企}$，则 U_X、U_{1-X} 和 $\overline{U_企}$ 分别为：

$$U_X = YZ(\gamma_1 - c_1 + \bar{\omega}_1) + Y(1-Z)(\gamma_1 - c_1) +$$
$$(1-Y)Z(\gamma_1 - c_1 + \bar{\omega}_1) + (1-Y)(1-Z)(\gamma_1 - c_1) \quad (6-1)$$

$$U_{1-X} = Z[(1-Y)(\gamma_1 - c_合) - c_2 - c_伴 - f_1] +$$
$$[(1-Z)(1-Y) - c_2 - c_伴 - f_1] \quad (6-2)$$

$$\overline{U_企} = (1-X)U_{1-X} + XU_X \quad (6-3)$$

则生产企业策略选择的复制动态方程 $F(X)$ 为：

$$F(X) = \frac{\mathrm{d}X}{\mathrm{d}T} = X(U_X - \overline{U_企}) = X(1-X)(U_X - U_{1-X})$$
$$= X(1-X)[c_1 - c_2 - c_伴 - c_合 - Y(\gamma_1 - c_合) - Z(f_1 + \bar{\omega}_1)] \quad (6-4)$$

求得 $F(X)$ 关于 X 的一阶导数 $\dfrac{\mathrm{d}[F(X)]}{\mathrm{d}X}$ 为：

$$\frac{\mathrm{d}[F(X)]}{\mathrm{d}X} = (2X-1)[c_1 - c_2 - c_伴 - c_合 - Y(\gamma_1 - c_合) - Z(f_1 + \bar{\omega}_1)] \quad (6-5)$$

设 $T(Y) = c_1 - c_2 - c_伴 - c_合 - Y(\gamma_1 - c_合) - Z(f_1 + \bar{\omega}_1)$

令 $F(X) = 0$，解得：

$$X = 0, \ X = 1, \ Y^* = \frac{c_1 - c_2 - c_伴 - c_合 - Z(f_1 + \bar{\omega}_1)}{\gamma_1 - c_合}$$

（二）地方政府策略选择的复制动态方程构建

当地方政府分别选择积极应对或消极应对策略时，地方政府的期望收益函数分别为 U_Y、U_{1-Y}，平均收益函数为 $\overline{U_地}$，则 U_Y、U_{1-Y} 和 $\overline{U_地}$ 分别为：

$$\begin{aligned} U_Y = &X[Z(\gamma_2 + \bar{\omega}_2 - c_3) + (1-Z)(\gamma_2 - c_3)] + \\ &(1-X)[Z(\gamma_2 + \bar{\omega}_2 - c_3) + (1-Z)(\gamma_2 - c_3)] \end{aligned} \tag{6-6}$$

$$\begin{aligned} U_{1-Y} = &X[Z(\gamma_2 - c_合^* - f_2) + (1-Z)(\gamma_2 - c_3 - c_合^*)] + \\ &(1-X)(\gamma_2 - c_合^* + c_合 - Zf_2) \end{aligned} \tag{6-7}$$

$$\overline{U_地} = (1-Y)U_{1-Y} + YU_Y \tag{6-8}$$

则地方政府策略选择的复制动态方程 $F(Y)$ 为：

$$\begin{aligned} F(Y) &= \frac{dY}{dT} = Y(U_Y - \overline{U_地}) = Y(1-Y)(U_Y - U_{1-Y}) \\ &= Y(1-Y)\big[(1-X)(c_合 - \bar{\omega}_2 + c_3) - Z(f_2 + \bar{\omega}_2 - c_3) - c_合^*\big] \end{aligned} \tag{6-9}$$

求 $F(Y)$ 关于 X 的一阶导数 $\dfrac{d[F(Y)]}{dX}$：

$$\frac{d[F(Y)]}{dX} = (2Y-1)\big[(1-X)c_合 - Z(f_2 + \bar{\omega}_2 - c_3) - c_合^*\big] \tag{6-10}$$

设 $G(Z) = \big[(1-X)c_合 - Z(f_2 + \bar{\omega}_2 - c_3) - c_合^*\big]$

令 $F(Y) = 0$，解得：

$$Y = 0, \ Y = 1, \ Z^* = \frac{(1-X)c_合 - c_合^*}{f_2 + \bar{\omega}_2 - c_3}$$

（三）中央政府策略选择的复制动态方程构建

当中央政府分别选择监管或不监管策略时，中央政府的期望收益函数分别为 U_z、U_{1-z}，平均收益函数为 $\overline{U_中}$，则 U_z、U_{1-z} 和 $\overline{U_中}$ 分别为：

$$U_z = c_4 + X(\pi - \bar{\omega}_1) - Y\bar{\omega}_2 + (1-X)f_1 + (1-Y)f_2 - (1-X)(1-Y)l \tag{6-11}$$

$$U_{1-z} = X\pi - (1-X)[0 + (1-Y)(l-I)] \tag{6-12}$$

$$\overline{U_{\text{中}}} = ZU_z + (1-Z)U_{1-z} \tag{6-13}$$

则中央政府策略选择的复制动态方程 $F(Z)$ 为：

$$F(Z) = \frac{\mathrm{d}Z}{\mathrm{d}T} = Y(U_Z - \overline{U_{\text{中}}}) = Z(1-Z)(U_Z - U_{1-z})$$

$$= Z(1-Z)[c_4 - f_1 - f_2 - I + X(\bar{\omega}_1 + f_2 + I) +$$

$$Y(\bar{\omega}_2 - c_3 + f_2 + I) - XYI] \tag{6-14}$$

$$\frac{\mathrm{d}[F(Z)]}{\mathrm{d}T} = (2Z-1)[c_4 - f_1 - f_2 - I + X(\bar{\omega}_1 + f_2 + I) +$$

$$Y(\bar{\omega}_2 - c_3 + f_2 + I) - XYI] \tag{6-15}$$

设 $H(Y) = c_4 - f_1 - f_2 - I + X(\bar{\omega}_1 + f_2 + I) + Y(\bar{\omega}_2 - c_3 + f_2 + I) - XYI$

令 $F(Z) = 0$，解得：

$$Z = 0,\ Z = 1,\ Y^{**} = \frac{-[c_4 - f_1 - f_2 - I + X(\bar{\omega}_1 + f_2 + I)]}{\bar{\omega}_2 - c_3 + f_2 + I - XI}$$

三、结果分析

（一）生产企业的策略稳定性分析

当 $Y^* = \dfrac{c_1 - c_2 - c_{\text{伴}} - c_{\text{合}} - Z(f_1 + \bar{\omega}_1)}{\gamma_1 - c_{\text{合}}}$ 时，$T(Y) = 0$，$F(X) = 0$，$\dfrac{\mathrm{d}[F(X)]}{\mathrm{d}x} = 0$，此时全部的 X 都是生产企业的策略稳定演化点。

当 $Y < \dfrac{c_1 - c_2 - c_{\text{伴}} - c_{\text{合}} - Z(f_1 + \bar{\omega}_1)}{\gamma_1 - c_{\text{合}}}$ 时，$\dfrac{\mathrm{d}[F(0)]}{\mathrm{d}x} < 0$，$\dfrac{\mathrm{d}[F(1)]}{\mathrm{d}x} > 0$，$X = 0$ 为生产企业的稳定演化策略。

当 $Y > \dfrac{c_1 - c_2 - c_{\text{伴}} - c_{\text{合}} - Z(f_1 + \bar{\omega}_1)}{\gamma_1 - c_{\text{合}}}$ 时，$\dfrac{\mathrm{d}[F(0)]}{\mathrm{d}x} > 0$，$\dfrac{\mathrm{d}[F(1)]}{\mathrm{d}x} < 0$，$X = 1$ 为生产企业的稳定演化策略。

生产企业行为策略演化的相位图如 6－2 图所示。图 6－2 表明，生产企业选择弱执行策略的概率为 H_1 时，有棱台体积 V_{H_1}；选择强执行策略的概率为 H_2 时，有棱台体积 V_{H_2}。计算得 V_{H1} 的表达式如（6－16）式所示。

$$
\begin{aligned}
V_{H_1} &= \int_0^1\!\!\int_0^1 \frac{c_1 - c_2 - c_伴 - c_合 - Z(f_1 + \bar{\omega}_1)}{\gamma_1 - c_合}\,\mathrm{d}Z\,\mathrm{d}X \\
&= \frac{c_1 - c_2 - c_伴 - c_合 - Z(f_1 + \bar{\omega}_1)}{\gamma_1 - c_合}
\end{aligned}
\tag{6－16}
$$

则 V_{H_2} 的表达式如（6－17）式所示。

$$
V_{H_2} = 1 - V_{H_1} = 1 - \frac{c_1 - c_2 - c_伴 - c_合 - Z(f_1 + \bar{\omega}_1)}{\gamma_1 - c_合}
\tag{6－17}
$$

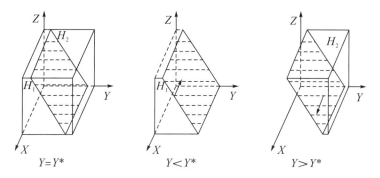

$Y=Y^*$　　　　$Y<Y^*$　　　　$Y>Y^*$

图 6－2　生产企业行为策略演化相位图

推论 1：生产企业选择强执行策略的概率与 γ_1、c_2、$c_合$、f_1、$\bar{\omega}_1$、$c_伴$ 呈正相关，与 c_1 呈负相关。

证明：对 V_{H_2} 的各参数求取一阶偏导，可得 $\dfrac{\partial V_{H_2}}{\partial \gamma_1} > 0$、$\dfrac{\partial V_{H_2}}{\partial c_2} > 0$、$\dfrac{\partial V_{H_2}}{\partial c_合} > 0$、$\dfrac{\partial V_{H_2}}{\partial f_1} > 0$、$\dfrac{\partial V_{H_2}}{\partial \bar{\omega}_1} > 0$、$\dfrac{\partial V_{H_2}}{\partial c_伴} > 0$、$\dfrac{\partial V_{H_2}}{\partial c_1} < 0$，即当 γ_1、c_2、$c_合$、f_1、$\bar{\omega}_1$、$c_伴$ 增大或者 c_1 减小时，均可以提高生产企业选择强执行策略的概率。具体分析如下：

生产企业行为策略演化与 γ_1 有关，即去产能带来技术创新的预期收益越大，其行为越可能朝着强执行策略方向演化。去产能造成的利润亏损是短暂的、可控制的，而去产能促进产业结构优化调整及技术转型升级所带来的潜在收益是长期的、可预期的，这种预期的收益越大，生产企业越愿意贯彻执行中央政府的去产能政策。

生产企业行为策略演化与 $c_合$ 和 $c_伴$ 有关，即生产企业与地方政府的合谋成本越大且弱执行的伪装成本越高时，其行为越可能朝着强执行策略方向演化。合谋成本与伪装成本是生产企业生产的投机成本，投机成本越高其投机后的额外收益空间越小，与此同时，企业还面临被中央政府处罚的风险，因此选择弱执行策略显然是不理性的。

生产企业行为策略演化与 c_1 和 c_2 有关，即生产企业选择弱执行策略时的生产成本越低或选择强执行策略时的生产成本越高，其行为越可能朝着弱执行策略方向演化。一方面，去产能过程中，生产设备、生产技术和生产力的升级会进一步增加其成本，而且生产企业对新技术产品市场的预期较低时，其更不愿意积极推动去产能。另一方面，生产企业前期进行了投资，形成了固定资产，即使面临长期的亏损，很多生产企业即使已成为"僵尸企业"，也仍然期待着市场回暖。去产能会导致固定资产不能再进行生产，这种情况下生产设备就可能成为废铜烂铁，而这些被淘汰的落后技术就没有了实际的应用价值，而且生产企业长期的亏损使得其难以获得更新设备及技术的资金。在这种情况下，生产企业往往不愿意主动去产能。

生产企业行为策略的演化与 ω_1 有关。即中央政府给予生产企业的奖补越大时，其行为朝着强执行策略方向演化的可能越大。如前所述，去产能过程中，生产设备、生产技术升级以及下岗职工安置会进一步增加其成本，中央政府给予生产企业的奖补就在很大程度上帮助了生产企业降低其去产能的执行成本，部分企业还可以利用中央政府的奖补资金推动技术转型升级或者研发新产品。在这种情况下，生产企业往往愿意主动去产能。

生产企业行为策略的演化与 f_1 有关，即中央政府给予生产企业的处罚越大，其行为朝着强执行策略方向演化的可能越大。中央政府给予生产企业较严重的处罚，意味着生产企业选择了弱执行策略，此时生产企业除支付罚款成本外，还需要支付与地方政府的合谋成本及伪装成本。当中央政府加大对生产企业的处罚力度，在市场不景气的情况下，生产企业最终的收益空间将被进一步压缩，此时选择强执行策略是合理的决策。

推论 2：生产企业选择强执行策略的概率随地方政府选择积极应对策略及中央政府加强监管的概率上升而上升。

证明：当 $Z < \dfrac{c_1 - c_2 - c_伴 - c_合 - Z(f_1 + \bar{\omega}_1)}{\gamma_1 - c_合}$ 和 $Y < \dfrac{c_1 - c_2 - c_伴 - c_合 - Z(f_1 + \bar{\omega}_1)}{\gamma_1 - c_合}$ 时，

$T(Y) > 0, \dfrac{\mathrm{d}[F(0)]}{\mathrm{d}X} < 0$，则 $X = 0$ 为生产企业的稳定演化策略；当 $Z >$

$$\frac{c_1 - c_2 - c_{伴} - c_{合} -}{\gamma_1 - c_{合}}\text{和}Y > \frac{c_1 - c_2 - c_{伴} - c_{合} -}{\gamma_1 - c_{合}}\text{时，}T(Y) < 0, \frac{\mathrm{d}[F(1)]}{\mathrm{d}X} <$$

0，则 $X = 1$ 为生产企业的稳定演化策略。因此，当 Y 和 Z 逐渐上升时，生产企业的稳定策略由弱执行策略向强执行策略演化。

（二）地方政府的策略稳定性分析

当 $Z = \dfrac{(1-X)c_{合} - c_{合}^*}{f_2 + \bar{\omega}_2 - c_3}$ 时，$G(Z) = 0$，$F(Y) = 0$，$\dfrac{\mathrm{d}[F(Y)]}{\mathrm{d}Y} = 0$，此时

全部的 Y 都是地方政府的稳定演化点。

当 $Z < \dfrac{(1-X)c_{合} - c_{合}^*}{f_2 + \bar{\omega}_2 - c_3}$ 时，$\dfrac{\mathrm{d}[F(0)]}{\mathrm{d}Y} < 0$，$\dfrac{\mathrm{d}[F(1)]}{\mathrm{d}Y} > 0$，$Y = 0$ 为地方政府的稳定演化策略。

当 $Z > \dfrac{(1-X)c_{合} - c_{合}^*}{f_2 + \bar{\omega}_2 - c_3}$ 时，$\dfrac{\mathrm{d}[F(0)]}{\mathrm{d}Y} > 0$，$\dfrac{\mathrm{d}[F(1)]}{\mathrm{d}Y} < 0$，$Y = 1$ 为地方政府的稳定演化策略。

地方政府行为策略演化的相位图如图 6-3 所示。图 6-3 表明地方政府选择积极应对执行策略的概率为 K_1 时，有棱台的体积 V_{K_1}；选择消极应对策略的概率为 K_2 时，有棱柱的体积 V_{K_2}。计算 V_{K_2} 的表达式如（6-18）式所示。

$$V_{K_2} = \int_0^1 \int_0^{\frac{c_{合} - c_{合}^*}{c_{合}}} \frac{(1-X)c_{合} - c_{合}^*}{f_2 + \bar{\omega}_2 - c_3} \mathrm{d}Z \mathrm{d}X = \frac{(c_{合} - c_{合}^*)^2}{2(f_2 + \bar{\omega}_2 - c_3)c_{合}} \quad (6-18)$$

则 V_{K_1} 的表达式如（6-19）式所示。

$$V_{K_1} = 1 - V_{K_2} = 1 - V_{K_2} = 1 - \frac{(c_{合} - c_{合}^*)^2}{2(f_2 + \bar{\omega}_2 - c_3)c_{合}} \quad (6-19)$$

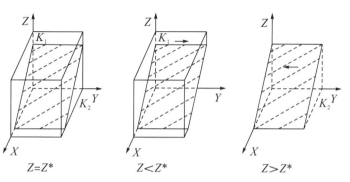

图 6-3　地方政府行为策略演化相位图

推论3：地方政府选择积极应对策略的概率与 $\bar{\omega}_2$、f_2、$c_{合}^{*}$ 呈正相关，与 c_3 和 $c_{合}$ 呈负相关。

证明：对 V_{H_2} 求取一阶偏导，可得 $\dfrac{\partial V_{K_2}}{\partial c_{合}} < 0$，$\dfrac{\partial V_{K_2}}{\partial c_3} < 0$，$\dfrac{\partial V_{K_2}}{\partial \bar{\omega}_2} > 0$，$\dfrac{\partial V_{K_2}}{\partial f_2} > 0$，$\dfrac{\partial V_{K_2}}{\partial c_{合}^{*}} > 0$。因此，$c_{合}$ 和 c_3 下降或者 $\bar{\omega}_2$、f_2 和 $c_{合}^{*}$ 上升时，均可以提高地方政府选择积极应对策略的概率。具体分析如下：

地方政府行为策略的演化与 $\bar{\omega}_2$ 有关，即中央政府对地方政府的奖补越大，其行为越可能朝着积极应对策略方向演化。中央政府将去产能目标纳入地方政府政绩考核范畴，去产能目标考核占政绩考核的比例越大，中央政府用于去产能奖补的财政预算越多，地方政府可以用于发放生产企业下岗职工补助、培育新产业和研发新技术的资金就越充裕，地方政府去产能的积极性就越高。

地方政府行为策略的演化与 f_2 有关，即中央政府对地方政府的处罚力度越大，其行为朝着积极应对策略演化的可能性越大。在中央政府去产能专项督查、环保督察及日常巡视等监管力度加强的情况下，如果地方政府不作为，落后产能造成了如环境污染等问题，其面临的风险成本是巨大的，除了被公开通报批评，还将受到行政处罚和经济处罚，进而导致地方政府公信力和声誉受损。所以高强度的处罚机制有利于规范地方政府的行为，促使其选择积极应对策略。

地方政府行为策略的演化与 c_3 有关，即地方政府选择积极应对策略面临的潜在损失越大，其行为越可能朝着消极应对策略演化。一方面，生产企业解雇工人就意味着工人失去赖以生存和养家糊口的工资收入，而且要解雇的工人往往是缺乏通用技术的工人，许多人只具有专用技术而不具备生产技术，转到其他行业进行再就业较为困难，地方政府面临失业率升高的严峻考验。另一方面，对于一些以钢铁、煤炭等为主导产业的地区，在新产业尚未培育出来之前，去产能则会严重拖累当地经济发展，造成税收收入减少。

地方政府行为策略的演化与 $c_{合}^{*}$ 和 $c_{合}$ 有关，即地方政府与生产企业双方的合谋成本越大，其行为越可能朝着积极应对策略演化。推论1表明，生产企业与地方政府的合谋成本增大，生产企业选择强执行策略的概率就会上升。在这种情况下，地方政府选择积极应对策略的概率也会上升。

推论4：地方政府选择积极应对策略的概率随中央政府选择加强监管的概率和生产企业选择强执行策略的概率上升而上升。

证明：$X^{*} = \dfrac{c_{合} - \bar{\omega}_2 - c_3 - c_{合}^{*} - Z(f_2 + \bar{\omega}_2 + c_3)}{c_{合} - \bar{\omega}_2 - c_3}$，当 $Z < Z^{*}$ 时，$X <$

X^* 时，$G(Z) > 0$，$\dfrac{\mathrm{d}[F(0)]}{\mathrm{d}Y} < 0$，$Y = 0$ 为地方政府的稳定演化策略。当 $Z >$

$Z^* Z > Z^*$ 时，$X > X^*$ 时，$G(Z) < 0$，$\dfrac{\mathrm{d}[F(0)]}{\mathrm{d}Y} > 0$，$Y = 1$ 为地方政府的稳定

演化策略。因此，随着 X、Z 的上升，地方政府的行为策略由消极应对向积极应对演化。故 Y 随着 X、Z 的上升而上升。

（三）中央方政府的策略稳定性分析

当 $Y = \dfrac{-[c_4 - f_1 - f_2 - I + X(\bar{\omega}_1 + f_2 + I)]}{\bar{\omega}_2 - c_3 + f_2 + I - XI} = Y^{**}$ 时，$H(Y) = 0$，

$F(Z) \equiv 0$，$\dfrac{\mathrm{d}[F(Z)]}{\mathrm{d}Z} = 0$，此时全部的 Z 都是中央政府的稳定演化点。

当 $Y < \dfrac{-[c_4 - f_1 - f_2 - I + X(\bar{\omega}_1 + f_2 + I)]}{\bar{\omega}_2 - c_3 + f_2 + I - XI} = Y^{**}$ 时，$H(Y) < 0$，

$\dfrac{\mathrm{d}[F(1)]}{\mathrm{d}Z} < 0$，$Z = 1$ 是中央政府的稳定演化点。

当 $Y > \dfrac{-[c_4 - f_1 - f_2 - I + X(\bar{\omega}_1 + f_2 + I)]}{\bar{\omega}_2 - c_3 + f_2 + I - XI} = Y^{**}$ 时，$H(Y) > 0$，

$\dfrac{\mathrm{d}[F(1)]}{\mathrm{d}Z} > 0$，$Z = 0$ 是中央政府的稳定演化点。

中央政府行为策略演化相位图如图 6-4 所示。由图 6-4 可知，中央政府不监管概率为 J_1 时，对应立体图形的体积为 V_{J_1}；中央政府不监管的概率为 J_2 时，对应立体图形的体积 V_{J_2}。计算得 V_{J_1} 的表达式如（6-19）式所示。

$$V_{J_1} = \iint\limits_{0\,0}^{1\,1} \frac{-c_4 + f_1 + f_2 + I - X(\bar{\omega}_1 + f_2 + I)}{\bar{\omega}_2 - c_3 + f_2 + I - XI} \mathrm{d}X\mathrm{d}Z = \frac{\bar{\omega}_1 + f_1 + I}{I} -$$

$$[\frac{\bar{\omega}_1 + \bar{\omega}_2 - c_3 + c_4}{I} + \frac{(\bar{\omega}_1 + f_1) + (\bar{\omega}_2 - c_3 + f_2)}{I^2}]\ln(1 + \frac{I}{\bar{\omega}_2 - c_3 + f})$$

$$(6-19)$$

则 V_{J_2} 的表达式如（6-20）式所示。

$$V_{J_2} = 1 - V_{J_1} \qquad\qquad (6-20)$$

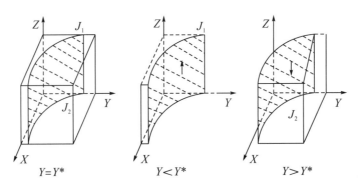

图 6-4　中央政府行为策略演化相位图

推论 5：中央政府监管的概率与 c_3、f_1、f_2 和 I 呈正相关，与 $\bar{\omega}_1$ 和 $\bar{\omega}_2$ 呈负相关。

证明：求取 V_{J_1} 各参数的一阶偏导数。

由于 $1 - \dfrac{\bar{\omega}_2 - c_3 + f_2}{\bar{\omega}_2 - c_3 + f_2 + I} < \ln(1 + \dfrac{I}{\bar{\omega}_2 - c_3 + f_2}) < \dfrac{I}{\bar{\omega}_2 - c_3 + f_2}$ ，所以可

推导出 $\dfrac{\partial V_{J_1}}{\partial f_2} > 0 [\text{st. } (\bar{\omega}_1 + \bar{\omega}_2 - c_3 + c_4) - (\bar{\omega}_2 - c_3 + f_2 + I) > 0]$、$\dfrac{\partial V_{J_1}}{\partial f_1} > 0$、

$\dfrac{\partial V_{J_1}}{\partial \bar{\omega}_1} < 0$、$\dfrac{\partial V_{J_1}}{\partial \bar{\omega}_2} < 0$、$\dfrac{\partial V_{J_1}}{\partial c_3} > 0$ 和 $\dfrac{\partial V_{J_1}}{\partial I} > 0$。因此，当 f_2、f_1、c_3 和 I 增加时，中央政府监管的概率上升；当 $\bar{\omega}_1$ 和 $\bar{\omega}_2$ 上升时，中央政府不监管的概率上升。

推论 6：中央政府监管的概率随着生产企业选择强执行策略的概率或地方政府选择积极应对策略的概率上升而下降。

证明：由中央政府策略选择的演化稳定性分析可知，当 $Y < Y^{**}$ 时，即 $X < \dfrac{(1-Y)(f_2 + I) + f_1 - c_4 - Y(\bar{\omega}_2 - c_3)}{\bar{\omega}_1 + f_1 + (1-Y)I}$ 时，$Z = 1$ 是中央政府的稳定演化策略；当 $X > \dfrac{(1-Y)(f_2 + I) + f_1 - c_4 - Y(\bar{\omega}_2 - c_3)}{\bar{\omega}_1 + f_1 + (1-Y)I}$ 时，$Z = 0$ 是中央政府的稳定演化策略。因此，随着 X、Y 的上升，中央政府的行为策略由监管向不监管演化。故 Z 随着 X、Y 的上升而下降。

（四）三方演化博弈系统均衡点的稳定性分析

在中央政府、地方政府与生产企业三方博弈过程中，何种策略组合才是演化稳定组合呢？此处可采用李雅普诺夫第一方法分析该三方复制动态方程的渐近稳定性，即通过分析三方复制动态方程组的雅可比矩阵的特征值的分布判断

该系统在某点处的稳定性。根据均衡点的稳定性可以由该系统相应的雅克比矩阵的局部稳定性分析得到，判断局部均衡点稳定性的系数矩阵为：

$$\boldsymbol{J} = \begin{bmatrix} \dfrac{\partial F(X)}{\partial X} & \dfrac{\partial F(X)}{\partial Y} & \dfrac{\partial F(X)}{\partial Z} \\[2mm] \dfrac{\partial F(Y)}{\partial X} & \dfrac{\partial F(Y)}{\partial Y} & \dfrac{\partial F(Y)}{\partial Z} \\[2mm] \dfrac{\partial F(Z)}{\partial X} & \dfrac{\partial F(Z)}{\partial Y} & \dfrac{\partial F(Z)}{\partial Z} \end{bmatrix} \tag{6-21}$$

由 $F(X)=0$，$F(Y)=0$，$F(Z)=0$ 可得演化系统存在 13 个均衡点，分别如下：

$$E_a = (0,0,0),$$

$$E_b = (1,0,0),$$

$$E_c = (0,1,0),$$

$$E_d = (0,0,1),$$

$$E_e = (1,1,0),$$

$$E_f = (1,0,1),$$

$$E_g = (0,1,1),$$

$$E_h = (1,1,1),$$

$$E_i = (0, \frac{f_1 + f_2 + I - c_4}{\bar{\omega}_2 - c_3 + f_2 + I}, \frac{c_合 - c_合^*}{\bar{\omega}_2 - c_3 + f_2}),$$

$$E_j = (\frac{f_1 + f_2 + I - c_4}{\bar{\omega}_2 - c_3 + f_2 + I}, 0, \frac{c_1 - c_2 - c_伴 - c_合}{\bar{\omega}_1 + f_1}),$$

$$E_k = (\frac{f_1 - \bar{\omega}_2 + c_3 - c_4}{\bar{\omega}_1 + f_1}, 1, \frac{c_1 - c_2 - c_伴 - \gamma_1}{\bar{\omega}_1 + f_1}),$$

$$E_L = (\frac{c_合 - c_合^*}{c_合}, \frac{c_1 - c_2 - c_伴 - c_合}{\gamma_1 - c_合}, 0),$$

$$E_m = (\frac{c_合 - \bar{\omega}_2 + c_3 - f_2 - c_合^*}{c_合}, \frac{c_1 - c_2 - c_伴 - c_合 - f_2 - \bar{\omega}_1}{\gamma_1 - c_合}, 1)。$$

均衡点稳定性分析见表 6-2。

表 6-2　均衡点稳定性分析

均衡点	特征值 1	特征值 2	特征值 3	判断	条件
$E_a=(0,0,0)$	−	−	+	不稳定	
$E_b=(1,0,0)$	+	+	不确定	不稳定	
$E_c=(0,1,0)$	+	+	不确定	不稳定	
$E_d=(0,0,1)$	−	−	−	稳定	Ⅰ
$E_e=(1,1,0)$	−	−	−	稳定	Ⅱ
$E_f=(1,0,1)$	不确定	+	不确定	不稳定	
$E_g=(0,1,1)$	+	不确定	不确定	不稳定	
$E_h=(1,1,1)$	−	−	+	不稳定	
$E_i=(0,Y_1,Z_1)$	−	0	0	不确定	
$E_j=(X_1,0,Z_2)$	−	0	0	不确定	
$E_L=(X_2,Y_2,0)$	不确定	+	1	不稳定	
$E_m=(X_3,Y_3,1)$	不确定	+	1	不稳定	

注："+"表示为正，"−"表示为负。条件Ⅰ：$c_2-c_1+c_伴+c_合+f_1+\bar\omega_1<0$ 且 $\bar\omega_2-c_3+f_2+c_合^*-c_合<0$。条件Ⅱ：$f_1+\bar\omega_1>c_2-c_1-c_伴-c_合>0$、$\bar\omega_2-c_3+f_2>c_合-c_合^*>0$、$f_1-\bar\omega_2+c_3>c_4$ 且 $f_2-\bar\omega_1>c_4$。

令 $X_1=\dfrac{f_1+f_2+I-c_4}{\bar\omega_2-c_3+f_2+I}$、$Y_1=\dfrac{f_1+f_2+I-c_4}{\bar\omega_2-c_3+f_2+I}$、$Z_1=\dfrac{c_合-c_合^*}{\bar\omega_2-c_3+f_2}$、$X_2=\dfrac{c_合-c_合^*}{c_合}$、$Y_2=\dfrac{c_1-c_2-c_伴-c_合}{\gamma_1-c_合}$、$Z_2=\dfrac{c_1-c_2-c_伴-c_合}{\bar\omega_1+f_1}$、$X_3=\dfrac{c_合-\bar\omega_2+c_3-f_2-c_合^*}{c_合}$、$Y_3=\dfrac{c_1-c_2-c_伴-c_合-f_2-\bar\omega_1}{\gamma_1-c_合}$。因为 X、Y 和 Z 介于 0～1 之间，则 13 个均衡点在某种条件下符合 X、Y 和 Z 的定义域。由上文假设可知 $c_1-c_2-c_伴-\gamma_1<0$，则 E_k 缺乏统计上的意义。下面通过雅可比矩阵及其特征值大小来判断其余 12 个点的稳定性：当且仅当雅克比矩阵的所有特征值均为负数时，均衡点为渐近稳定点；当雅克比矩阵的所有特征值至少有一个不为负数时，均衡点为不稳定点；当雅克比矩阵的所有特征值有两个为负数，一个为零时，均衡点为临界点。

推论 7：当 $\bar\omega_2-c_3+f_2+c_合^*-c_合<0$、$c_2-c_1+c_伴+c_合+f_1+\bar\omega_1<0$、$c_4+\bar\omega_1-f_2<0$ 时，系统的稳点演化点为 $E_d=(0,0,1)$，即（弱执行，消极应对，监管）组合为稳点演化策略。当中央政府的惩罚和奖励力度之和低于生产企业

强执行与弱执行成本之差且当中央政府的惩罚和奖励力度之和低于地方政府与生产企业各自合谋成本之差与其去产能造成的损失之和时，系统将演化为（弱执行，消极应对，监管）。

推论 8：当 $f_1+\bar{\omega}_1>c_2-c_1-c_{伴}-c_{合}>0$ 、$\bar{\omega}_2+f_2>c_{合}-c_{合}^*+c_3>0$ ，$f_1-\bar{\omega}_2>c_4$、$f_2-\bar{\omega}_1>c_4$ 时，系统的稳点演化点为 $E_e=(1,1,0)$，即（强执行，积极应对，不监管）组合为稳点演化策略。当中央政府对生产企业的处罚与奖励之和至少应该高于生产企业节约的投机成本且中央政府对于地方政府的处罚与奖励之和至少应该高于生产企业与地方政府各自合谋成本之差与地方政府去产能造成的损失之和时，才能够出现（强执行，积极应对，不监管）的稳定策略组合。由此可以设计合理的激励约束机制，避免混合策略的出现，比如使对生产企业的处罚与对地方政府的奖补之差高于监管成本，使对地方政府的处罚与对生产企业的奖补之差高于监管成本。

从上述演化博弈的角度来看，仅靠市场机制基本无法实现对地方政府与生产企业行为的调控，这也是我国在 2016 年之前存在过剩产能"久去低效"的原因，而且在中央政府弱约束与弱激励机制介入的情况下，即使中央政府强化监督管理，该行为对地方政府与生产企业行为的调控作用仍然显得微不足道，导致中央政府去产能政策短暂失效。只有中央政府实施高强度约束与激励机制，才能够引导地方政府和生产企业积极贯彻落实去产能政策。

第三节　去产能进程中的利益相关者行为验证

内容分析法最初仅仅是作为一种搜集资料的方法，主要通过研究、分析媒介信息以搜集数据来验证科学假设或批判新闻事业。如今，内容分析法已演变为一种方法，通过对被研究文本中关键特征的识别分析，将"用语言表示而非数量表示的文献转换为用数量表示的资料"，并采用统计数字描述分析结果，通过进一步分析文本内容"量"找出能反映文献内容本质而又易于计数的特征，明晰其规律并进行检验和解释（施丽萍，2011）。该方法已在学术界得到广泛应用，并已发展成为完整严谨的研究体系。本书以 2016—2020 年可查到的去产能政策为研究对象，对国务院及相关部委、地方政府官方网站进行检索。为了确保文本的准确性，搜寻的基本原则包括：①政策主体与去产能密切相关；②政策性质属于规范性文件、通知及规划等。检索结果见表6-2。

表6-2 2016—2019年中央政府关于去产能的部分政策文件

发布时间	出台部门	文件名称	规制措施
2016年2月	国务院	《关于钢铁行业化解过剩产能实现脱困发展的意见》（国发〔2016〕6号）	加强奖补支持、完善税收政策、加大金融支持、做好职工安置、盘活土地资源等
2016年2月	国务院	《关于煤炭行业化解过剩产能实现脱困发展的意见》（国发〔2016〕7号）	加强奖补支持、完善税收政策、加大金融支持、做好职工安置、盘活土地资源、鼓励技术改造、改进国有煤炭企业业绩考核机制等
2016年3月	国土资源部	《关于支持钢铁行业化解过剩产能实现脱困发展的意见》（国土资规〔2016〕3号）	严格控制新增产能用地用矿、支持盘活土地资产、实施矿产资源支持政策
2016年4月	人力资源和社会保障部、国家发展改革委、工信部、财政部、民政部、国资监测委、全国总工会	《关于在化解钢铁煤炭行业过剩产能实现脱困发展过程中做好职工安置工作的意见》（人社部发〔2016〕32号）	多渠道分流安置职工（内部分流、内部退养、转岗就业等）、妥善处理劳动关系、加强社会保障衔接（失业保险金、低保补助、养老及医疗保险保障）等
2016年4月	环保部	《关于积极发挥环境保护作用促进供给侧结构性改革的指导意见》（环大气〔2016〕45号）	推行环保领跑者制度、推进绿色供应链环境管理、实施差别化排污费政策、加强企业环境信用体系建设、完善环境监管执法机制等
2016年4月	环保部、国家发展改革委、工信部	《关于钢铁煤炭行业化解过剩产能实现脱困发展的意见》（环大气〔2016〕47号）	严格建设项目环境准入、彻底清理违法违规建设项目、严格依法征收排污费、严格环保执法、加大环境信息公开力度等
2016年4月	国家发展改革委	《关于推进供给侧结构性改革促进产业转型升级的指导意见》（发改产业〔2016〕0934号）	鼓励企业多渠道融资、鼓励企业拓展国内外市场、鼓励企业科技创新和技术改造、鼓励企业招才引智
2016年5月	财政部	《工业企业结构调整专项奖补资金管理办法》（财建〔2016〕253号）	确定了钢铁、煤炭等产能过剩企业奖补标准、奖补范围、奖补方式
2016年5月	财政部、国家税务总局	《关于全面推进资源税改革的通知》（财税〔2016〕53号）	对煤炭、原油和天然气等资源实施从价计征改革
2016年6月	人力资源和社会保障部	《关于实施化解过剩产能企业职工特别职业培训计划的通知》（人社部发〔2016〕52号）	对失业人员重点开展就业技能培训、对企业转岗职工重点开展岗位技能提升培训、对有创业意愿的失业人员和转岗职工重点开展创业培训

续表

发布时间	出台部门	文件名称	规制措施
2016 年 8 月	工信部	《钢铁工业调整升级规划（2016—2020 年）》（工信部规〔2016〕358 号）	严禁新增钢铁产能、依法依规去产能、推动"僵尸企业"应退尽退
2016 年 12 月	国家发展改革委、国家能源局	《关于印发煤炭工业发展"十三五"规划的通知》（发改能源〔2016〕2714 号）	每年化解淘汰过剩落后产能 8 亿吨左右
2016 年 12 月	国家发展改革委	《政府核准的投资项目目录（2016 年本）》（国发〔2016〕72 号）	国家规定禁止建设或列入淘汰范围的项目不得批准
2017 年	工信部、财政部、人力资源和社会保障部、国土资源部等	《关于利用综合标准依法依规推动落后产能退出的指导意见》（工信部联产业〔2017〕30 号）	加大资金扶持、加大技术扶持、执行价格政策、差别化信贷政策、盘活土地资源、强化惩戒约束
2017 年 7 月	环保部	《关于水泥玻璃行业淘汰落后产能专项督查情况的通报》（环办环监函〔2017〕1186 号）	严肃处理落后产能排查不到位问题、整改落实落后产能淘汰不彻底问题、严肃查处企业违法行为
2018 年 6 月	国务院	《关于印发打赢蓝天保卫战三年行动计划的通知》	重点区域严禁新增钢铁、焦化、电解铝、水泥和平板玻璃等产能，提高重点区域过剩产能淘汰标准、严防"地条钢"死灰复燃
2018 年 11 月	国家发展改革委	《市场准入负面清单（2018 年版）》	严禁钢铁、电解铝、水泥和平板玻璃等新增产能
2019 年 9 月	财政部、税务总局	《关于去产能和调结构房产税城镇土地使用税政策的通知》（财税〔2018〕107 号）	对按照去产能和调结构政策要求停产停业、关闭的企业，自停产停业次月起，免征房产税、城镇土地使用税
2018 年 11 月	国家发展改革委、工信部、财政部、人力资源和社会保障部、自然资源部、人民银行、国资委、税务总局、市场监管总局、银保监会等	《关于进一步做好"僵尸企业"及去产能企业债务处置工作的通知》（发改财金〔2018〕1756 号）	积极妥善处置"僵尸企业"和去产能企业的直接债务、统借债务和担保债务
2018 年 6 月	国家发展改革委	《关于创新和完善促进绿色发展价格机制的意见》（发改价格规〔2018〕943 号）	严格落实铁合金、电石、烧碱、水泥、钢铁等 7 个行业的差别电价政策，对淘汰类和限制类企业用电实行更高价格

续表

发布时间	出台部门	文件名称	规制措施
2019 年 4 月	生态环境部、国家发展改革委、工信部、财政部、交通运输部	《关于推进实施钢铁行业超低排放的意见》（环大气〔2019〕35 号）	严格新改扩建项目环境准入、推进现有钢铁企业超低排放改造、推进钢铁企业全面达标排放、淘汰落后产能及设备、给予奖励和信贷融资支持、实施差别化电价政策、实行差别化环保管理政策

一、中央政府行为的验证分析

（一）词频分析

以中央政府出台的去产能政策文件为依据，总体上看，中央政府对产能过剩行业采取了约束为主、激励为辅的政策措施。具体来看，约束手段主要包括提高技术标准、提高环保要求、提高要素价格等，激励手段主要是设立工业结构调整专项奖补资金，用于产能过程中的企业职工安置和就业。从词频数量来看，"产能"是政府政策文件的重点，词频数量为 217 次。具体看，词频数量在 100 以上的有"产能""企业""钢铁""发展""项目""建设""过剩"及"政策"，这表明已有政策文件主要是针对企业产能过剩制定的，据此也可以看出，去产能政策文件主要针对的是钢铁、水泥、玻璃及电解铝几个行业。从"淘汰""调整""提高""管理""重组""规划""引导""排放""利用"及"鼓励"等高频词汇也可以看出中央政府去产能的重点在淘汰落后产能、调整产业结构、提高产能利用率等方面。各关键词词频详见表 6-3。

表 6-3　中央政府去产能政策关键词词频

IDF 排名	词语	词频	IDF 排名	词语	词频	IDF 排名	词语	词频
1	产能	217	36	审批	37	71	工程	27
2	企业	210	37	土地	36	72	优化	27
3	钢铁	146	38	重复	36	73	综合	27
4	发展	141	39	玻璃	36	74	国务院	26
5	项目	131	40	我国	35	75	装备	26
6	建设	121	41	控制	34	76	推动	26

续表

IDF 排名	词语	词频	IDF 排名	词语	词频	IDF 排名	词语	词频
7	过剩	107	42	创新	34	77	风电	26
8	政策	104	43	金融	34	78	发挥	25
9	市场	98	44	国家	34	79	亿吨	25
10	资源	86	45	措施	33	80	条件	25
11	水泥	83	46	重点	33	81	布局	24
12	部门	75	47	地区	33	82	意见	24
13	环境	72	48	规定	33	83	改造	24
14	加强	70	49	盲目	33	84	原则	24
15	淘汰	70	50	加快	33	85	推进	24
16	调整	67	51	经济	31	86	化解	24
17	结构	65	52	地方	31	87	万吨	23
18	严重	64	53	需求	31	88	准入	23
19	落后	64	54	按照	31	89	主管	23
20	技术	60	55	机制	30	90	一律	23
21	投资	60	56	违规	30	91	出口	22
22	提高	55	57	建立	30	92	切实	22
23	标准	55	58	以上	30	93	平板	22
24	管理	52	59	落实	30	94	能源	22
25	重组	50	60	不得	29	95	钢材	22
26	电解铝	48	61	矛盾	29	96	兼并	22
27	工业	48	62	总量	29	97	社会	22
28	完善	47	63	能力	28	98	核准	22
29	环保	46	64	符合	28	99	用地	22
30	规划	44	65	水平	28	100	保护	22
31	引导	43	66	改革	27	101	必须	22
32	排放	43	67	依法	27			
33	严格	42	68	质量	27			
34	利用	40	69	促进	27			
35	鼓励	38	70	结合	27			

（二）社会网络分析

去产能是一个自上而下推动的过程，去产能相关政策文本的关键词网络结构图呈现出由核心圈、分布圈及辐射圈组成的圈层结构，见图6－5。核心圈涉及产能、政策、过剩、企业、发展等话题，分布圈涉及调整、市场、结构、建设、项目、引导及资源等话题，辐射圈涉及审批、规定、完善、标准及部门。

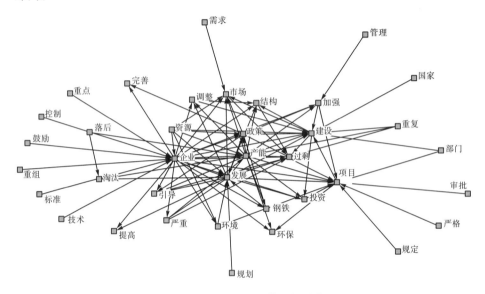

图6－5　中央政府政策网络结构

二、地方政府行为的验证分析

（一）词频分析

地方政府经济发展的目标主要依托企业实现，所以地方政府的政策文件中，企业是重点关注对象，词频为931。词频数排在前10位的是"发展""经济""职工""资产""重组""改革""过剩"等，这些也是地方政府去产能政策文件重点关注的事情，与中央政府行为具有很高的相似度。地方政府作为化解产能过剩的代理者，在去产能过程中，其主要的职能就是履行中央政府的去产能职能，但与中央政府不同的是，地方政府非常注重地方经济的发展，"发展"和"经济"这两个词组的词频数量分别排在第三位和第四位，与本章上文分析的地方政府行为逻辑具有一致性。此外，地方政府去产能政策文件也主要针对钢铁、水泥、玻璃及电解铝几个行业。地方政府去产能政策关键词词频见表6—4。

表6—4　地方政府去产能政策关键词词频

IDF 排名	词语	词频	IDF 排名	词语	词频
1	企业	931	23	市场	138
2	产能	712	24	安置	136
3	发展	313	25	水泥	135
4	经济	304	26	金融	135
5	职工	295	27	项目	126
6	资产	246	28	化解	125
7	重组	237	29	玻璃	121
8	信息化	227	30	社会	121
9	改革	224	31	平板	121
10	过剩	203	32	政府	120
11	退出	184	33	机构	117
12	兼并	173	34	银行	116
13	人民政府	175	35	破产	113
14	处置	166	36	保障	113
15	僵尸	165	37	环保	112
16	钢铁	162	38	江苏	109
17	各市	160	39	省政府	104
18	资源	159	40	补贴	103
19	依法	152	41	加快	101
20	政策	144	42	清算	101
21	推进	142	43	部门	100
22	土地	141			

（二）社会网络分析

地方政府关于去产能政策文本的关键词网络结构图由主核心圈和次核心圈

组成。主核心圈涉及企业、经济、发展、过剩、资源、政府等，次核心圈涉及产能、钢铁、平板、玻璃及化解等。

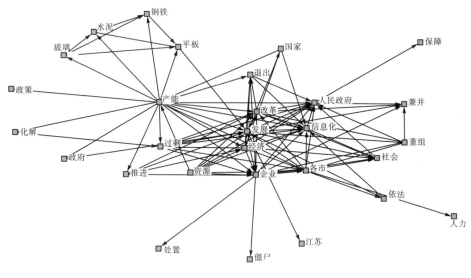

图 6—6　地方政府政策网络结构

三、生产企业行为的验证分析

总体来看，规模较大、竞争力较强的企业，多选择积极应对策略，如国有企业鞍钢、宝钢、河钢、华凌钢铁等企业贯彻落实新发展理念，化解过剩产能、淘汰落后产能取得显著效果。其中，鞍钢集团大力推广先进、成熟、适用的节能技术及装备，减少能源消耗，回收利用余热余能；优化用能结构，推广使用清洁能源，促进企业绿色发展。但是仍然有部分省市的生产企业违规生产，受到了中央政府的严肃处罚。这些违规生产企业的问题主要表现为生产技术和工艺达不到国家规定标准。

第四节　本章小结

本章在分析利益相关者行为选择内在逻辑的基础上，通过构建演化博弈模型重点分析了中央政府、地方政府及生产企业策略行为选择的均衡条件，并通过政府出台的政策文本对其策略行为进行验证，得到以下主要结论：第一，对生产企业而言，去产能带来技术创新的预期收益越大、与地方政府的合谋成本越大、弱执行时的伪装成本越高、强执行成本越低、中央政府给予生产企业的奖补越大以及中央政府给予生产企业的处罚越大时，生产企业行为倾向于朝着强执行策略演化，且生产企业选择强执行策略的概率随着地方政府选择积极应对策略的概率和中央政府加强监管概率的上升而上升。第二，对于地方政府而言，中央政府对地方政府的奖补及处罚力度越大、选择积极应对策略面临的潜在损失越小、与生产企业的合谋成本越大时，地方政府行为越倾向于朝着积极应对策略演化，且地方政府选择积极应对策略的概率随着中央政府选择监管策略的概率和生产企业选择强执行策略概率的上升而上升。第三，对于中央政府而言，对生产企业和地方政府的处罚越大、地方政府选择积极应对策略面临的潜在损失越大、去产能政策失灵导致中央政府公信力和声誉损失越大及对生产企业和地方政府的奖补越小，中央政府行为越倾向于朝监管策略演化，且中央政府监管的概率随着生产企业选择强执行策略的概率或地方政府选择积极应对策略概率的上升而下降。当中央政府设置的约束激励机制足够强，中央政府、地方政府及生产企业三者的行为可以演化为（不监管，积极应对，强执行）这一均衡状态。

第四篇　去产能政策效应检视与机制优化研究

去产能进程中利益相关者"成本—收益"的非一致性直接影响其行为选择，其行为选择又关系到去产能宏观政策目标的实现，因此，协调处理好异质性利益相关者之间的利益关系是实现去产能总体社会福利最大化的关键，而这需要科学而合理的利益协调制度安排。设计去产能进程中的利益协调机制根本要旨是达成异质性利益相关者的集体一致性行动，这既要求对实践层面上的政策效果进行客观评价，揭示去产能政策影响产能利用率的作用机制，又要求从理论上对机制设计本身进行整体性的把握，需要回答利益协调目标、协调主体、协调内容、协调手段为何等问题，进一步明确"为何协调、谁来协调、协调什么、如何协调"的内在逻辑关系，抓住地方政府、生产企业两个关键主体，形成包括绩效考核、产业培育、多元协同监督、违规处罚问责、技术创新激励、生产要素约束的整体协调体系，从而形成社会合力，规范主体行为，优化资源配置，提升产能利用效率，促进产业结构优化调整和经济高质量发展。

第七章 去产能的政策效应研究

党的十八大以来，党中央着眼于发展阶段、发展环境、发展条件的变化，明确指出我国经济已经进入新常态，面临着"三期叠加"的复杂局面，必须推动高质量发展，必须深化供给侧结构性改革。去产能是供给侧结构性改革的五大任务之首。"十二五"和"十三五"期间，我国相继出台了一系列政策，旨在通过直接或间接政策措施积极推动钢铁、煤炭、水泥等行业去产能。如果以去产能势必会建构起新的利益关系，形成新的利益行动关系网络为基本命题，那么国家层面去产能政策在实施过程中的有效性就取决于利益行动主体的策略性选择。如前所述，国家去产能政策是以调控利益相关者行为最终实现去产能目标的。政策效果评价可以有效验证对去产能进程中利益相关者行为规律认识的正确性。我国是世界钢铁大国，钢铁行业产能严重过剩，是去产能的重点行业，具有典型性和代表性。本章以钢铁产业为例，立足国家和钢铁行业的利益关系，在对钢铁行业去产能政策效果进行一般性结果评价的基础上，从环境效率视角运用 DEA 模型测算钢铁行业的产能利用率，并运用回归模型对去产能政策对产能利用率的影响程度及其作用路径进行实证研究，同时以四川省攀枝花钢铁集团有限公司（简称攀钢）为研究对象，测度在去产能政策背景下钢铁企业高质量发展水平，不仅可揭示在中国情景下去产能政策的作用机理，而且也可验证政府和企业间的利益关系结构对去产能政策效果的影响路径。

第一节 对钢铁行业去产能政策 执行效果的总体性评价

本节根据中央政府出台的《关于化解产能严重过剩矛盾的指导意见》（国发〔2013〕41 号）和《关于钢铁行业化解过剩产能实现脱困发展的意见》（国发〔2016〕6 号）等文件，从设备优化、兼并重组、技术创新、节能减排、对外贸易等方面，利用《中国钢铁工业年鉴》统计数据和钢铁行业分析报告资料，对钢铁行业去产能政策取得的效果进行定量分析。

一、设备升级与落后产能淘汰成效分析

"十二五"期间，我国钢铁产能达到 11.3 亿吨左右，重点大中型企业负债率超过 70%，粗钢产能利用率由 2010 年的 79% 下降到 2015 年的 70% 左右[①]，钢铁产能已由区域性、结构性过剩逐步演变为绝对过剩。供给侧结构性改革背景下的去产能，以钢铁、煤炭、水泥及玻璃等行业为重点领域，以行政去产能为主要手段。中央明确了压减淘汰钢铁行业过剩产能的具体目标，并分解至各个地方和中央企业，同时建立激励约束机制（专项奖补基金、财税政策、职工安置保障政策、环保规制等）确保去产能顺利进行，直接的行政化去产能效果显著。2014—2020 年中国钢铁统计年鉴数据显示：1000 立方米以下炼铁高炉比重、100 吨以下转炉比重、30 吨以下电炉比重持续下降，2019 年较 2013 年分别下降 18.31%、9.32% 和 11.97%，如图 7—1 所示。这表明，钢铁行业生产设备优化升级加速。2016—2018 年间，我国钢铁行业压减淘汰落后产能 1.5亿吨，累计退出"僵尸企业"粗钢产能 6474 万吨[②]，已提前提完成"十三五"去产能目标任务。

图 7—1　钢铁工业协会会员企业主要专业设备优化升级情况

数据来源：由中国钢铁工业年鉴计算整理而得。

---

① 中华人民共和国工业和信息化部：《钢铁工业调整升级规划（2016—2020 年）》，2016 年。

② 杨毅、邱新鲁：《工信部：我国提前两年完成"十三五"钢铁行业去产能 1.5 亿吨目标》，https://baijiahao.baidu.com/s?id=1692994318042424619&wfr=spider&for=pc。

二、兼并重组与"僵尸企业"退出成效分析

随着去产能政策的持续贯彻落实，钢铁行业的产业结构进一步优化升级，产业集中度明显提升。"十二五"期间，我国排名前十的钢铁企业产业集中度由 2010 年的 49％降至 2015 年的 34％，远远低于韩国、日本和俄罗斯（均在80％以上）①，全行业长期处在低盈利运行状态，2015 年更是出现严重亏损的现象，全行业利润总额为负。2016—2019 年钢铁行业兼并重组加速、"僵尸企业"有序退出市场，钢铁行业规模以上企业数量显著下降。如图 7−2 所示，截至 2019 年底，我国钢铁行业规模以上企业数量为 5113 家，较 2013 年减少7682 家，较 2016 年减少 3385 家。

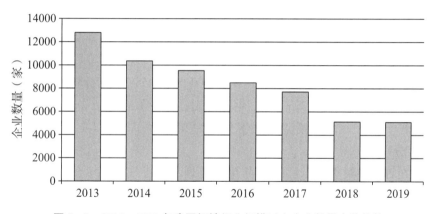

图 7−2　2013—2019 年我国钢铁行业规模以上企业数量变化趋势

数据来源：中国钢铁工业年鉴。

三、科技创新与资源节约利用成效分析

钢铁行业积极开发符合市场需求及发展趋势的高端、高附加值钢铁钒钛新产品、新服务，推动高等级科技创新成果产品化、产业化，以高强度研发驱动高增长，持续培育新动能，钢铁行业良好的创新生态系统逐步建立。如表 7−1所示，2014—2020 年中国钢铁统计年鉴数据显示：2019 年钢铁行业规模以上企业研发人员数量占比为 10.46％，较 2014 年上升 0.76％，有一定提升；有效发

---

① 中华人民共和国工业和信息化部：《钢铁工业调整升级规划（2016—2020 年）》，2016 年。

明专利累计数量为 27702 件，较 2014 年上升 20240 件，有大幅度的提升。

表 7-1　2014—2019 年我国钢铁行业规模以上企业研发人员数量占比及有效发明专利数

年份	研发人员数量占比（％）	有效发明专利数（件）
2014	9.70	7462
2015	8.80	9847
2016	9.81	12916
2017	10.04	15678
2018	9.14	17552
2019	10.46	27702

数据来源：中国钢铁工业年鉴。

牢固树立生态优先的意识和绿色发展理念，持续扎实推进能源节约与环境保护，使吨钢综合能耗大幅下降，水、可燃气体、废渣利用率及污染物处理率不断提升。如表 7-2 所示，2014—2020 年中国钢铁统计年鉴数据显示：2019年我国钢铁行业规模以上企业吨钢综合能耗为 548.88 千克标煤/吨，较 2013年下降 44.22 千克标煤/吨；2019 年我国钢铁行业规模以上企业水重复利用率、可燃气体利用率、废渣利用率分别为 97.94％、98.52％、97.95％，较2013 年分别上升 0.46％、1.34％、9.23％。如表 7-3 所示，2014—2020 年中国钢铁统计年鉴数据显示：2019 年废水处理率和废气处理率分别为 100％和99.99％，较 2013 年分别上升 0.04％和 0.71％；污染物排放合格率由 2013 年的 96.66％上升至 2019 年的 99.93％。

表 7-2　2013—2019 年我国钢铁行业规模以上企业资源利用情况

年份	吨钢综合能耗（千克标煤/吨）	水重复利用率（％）	可燃气体利用率（％）	废渣利用率（％）
2013	593.10	97.40	97.15	88.72
2014	588.13	97.44	98.14	89.38
2015	575.05	97.60	96.60	97.47
2016	585.56	97.66	97.20	89.12
2017	570.43	97.79	99.01	87.30
2018	543.04	97.99	98.98	98.97
2019	548.88	97.94	98.52	97.95

数据来源：中国钢铁工业年鉴。

表7-3 2013—2019年我国钢铁行业规模以上企业污染物处理及排放情况

年份	污染物排放合格率（%）	废水处理率（%）	废气处理率（%）
2013	96.66	99.96	99.28
2014	96.32	99.98	98.82
2015	96.66	99.95	99.05
2016	97.36	99.97	99.44
2017	99.90	100	99.86
2018	98.34	100	99.98
2019	99.93	100	99.99

数据来源：中国钢铁工业年鉴。

四、对外开放与国际市场开拓成效分析

钢材进出口均价差距逐渐缩小。如图7-3所示，2014—2020年中国钢铁统计年鉴数据显示：2013—2019年，中国钢材进出口均价均呈先下降后波动回升的趋势。2019年钢材进口均价为847.06美元/吨，出口均价为1147.42美元/吨。2016年起，钢材进出口均价的差值有逐年缩小的趋势，可见钢铁行业去产能以及产能置换的成效逐渐显现，钢材产品结构趋于合理化、高级化。如图7-4所示，据2014—2020年中国钢铁统计年鉴数据显示：中国钢铁行业长期处于贸易逆差状态，2019年中国钢铁产品进出口总额达764.4亿美元，贸易逆差额达396.47亿美元。

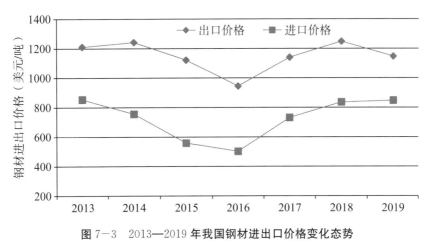

图7-3 2013—2019年我国钢材进出口价格变化态势

数据来源：中国钢铁工业年鉴。

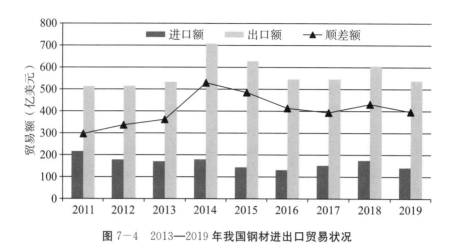

图7—4 2013—2019年我国钢材进出口贸易状况

数据来源：中国钢铁工业年鉴。

第二节 钢铁行业产能利用率测算

一、测算方法

梁泳梅等（2014）对测算产能利用率的峰值法、函数法（包括成本最小化标准与利润最大化标准情形）及数据包络分析方法进行了对比分析，发现不同方法的假设条件以及对生产能力的界定标准存在明显差异，并指出考虑到我国工业产能过剩是普遍现象，而且非市场因素对产能利用率的影响较大，使用技术意义上的生产能力的数据包络分析方法更符合中国国情，并且数据包络分析方法被多数学者用来测算产能利用率（董敏杰等，2015；孙璞、尹小平，2016；刘建勇、李晓芳，2018；韩永楠等，2020）。数据包络分析方法认为，生产能力是当前企业的固定资本达到充分利用时的能力，也可以理解为技术意义上的生产能力。但该模型在设计产出指标时仅考虑了有利于社会经济发展的指标，即期望产出，但未考虑不利于社会经济发展的指标，即非期望产出，这种情况下测算出来的技术意义上的生产能力显然偏高。

钢铁行业对我国国民经济发展有重要作用，但钢铁行业不仅是高耗能行业，也是高污染行业，严格意义上来说技术意义上的生产能力不能全面真实地反映钢铁企业的最优生产能力。将钢铁企业生产过程中产生的污染物纳入核算体系，可测算出反映资源利用、污染排放、经济产出的产能利用率。实际上，学术界将用这种方法测算出来的结果称为环境技术效率或者绿色全要素生产率。从本质上讲，它反映的是钢铁企业在谋取绿色低碳发展的过程中表现出来的能力和努力程度，是技术进步对经济发展、资源利用与生态环境作用的综合反映。这种测算思路更符合国家推动生态文明建设和高质量发展的时代需求。

此处采用非径向、非角度 SBM－DEA 模型测算中国钢铁行业的产能利用率，并将计算出来的技术效率值分解成纯技术效率和规模效率。假定钢铁企业使用 N 种投入品生产 M 种好产出和 L 种坏产出，投入向量 $\boldsymbol{X} = (X_1, X_2, \cdots, X_N)$，好产出向量 $\boldsymbol{Y} = (Y_1, Y_2, \cdots, Y_N)$，坏产出向量 $\boldsymbol{B} = (B_1, B_2, \cdots, B_L)$，由此该企业的生产技术可以定义为如下产出集：

$$Q(\boldsymbol{X}) = \{(\boldsymbol{Y}, \boldsymbol{B}): X\, can\, produce\, (\boldsymbol{Y}, \boldsymbol{B})\} \tag{7-1}$$

方向距离产出函数的生产技术函数表现形式如（7－2）式所示：

$$D(\boldsymbol{X}, \boldsymbol{Y}, \boldsymbol{B}; G_Y; -G_B) = \max\{\rho: (Y + \rho G_Y, B - \rho G_B) \in Q(X)\} \tag{7-2}$$

（7－2）式中，$\boldsymbol{G} = (G_Y, G_B)$，表示方向向量。该函数解释了在既有技术条件下，期望产出的最大和非期望产出的最小，如图 7－5 所示。

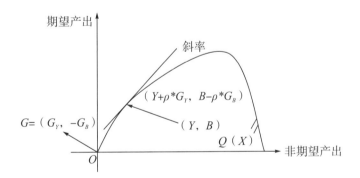

图 7－5　方向距离产出函数

则考虑非径向、非角度的方向距离产出函数表达式为：

$$\min\rho = \frac{1 - \dfrac{1}{N}\displaystyle\sum_{i=N}^{N} N \dfrac{S_i}{X_i^0}}{1 + \dfrac{1}{S_1 + S_2}\left(\displaystyle\sum_{r=1}^{s_1} \dfrac{S_r^g}{Y_{r_0}^g} + \displaystyle\sum_{r=1}^{s_b} \dfrac{S_r^b}{Y_{r_0}^g}\right)} \tag{7-3}$$

$$\begin{cases} X_0 = \lambda X + S^- \\ X_0 = \lambda X + S^- \\ Y_{r0}^G = \lambda Y^G - S^G \\ Y_{r0}^B = \lambda Y^G - S^B \\ \lambda \geqslant 0, S^- \geqslant 0, S^+ \geqslant 0, S^G \geqslant 0, S^B \geqslant 0 \end{cases} \quad (7-4)$$

ρ 为产能利用率，λ 为权重变量，$S^{+/-}$ 表示投入产出松弛变量，N_i、S_i 表示投入类型和产出类型。

二、指标选取

选择合理的投入产出指标，是有效评价钢铁行业产能利用率的前提。目前，一般从全要素视角选取投入指标，但受制于模型本身的缺陷和部分数据的不可得性，通常情况下选择具有代表性的生产要素作为投入指标。在运用DEA模型测算产能利用率的文献中，投入指标多选择资本存量、中间投入和劳动力投入三个指标。但是资本存量和中间投入均难以获得较为准确的数据，都是通过计算获取。考虑到数据的可得性，此处资本存量用全行业固定资产净值替代，中间投入用能源消耗（标准煤）替代，劳动力用全行业从业人员数量表示。

一般选择该产业的生产总值作为期望产出指标，这一做法也被运用到行业领域和微观个体。去产能政策是为了提高钢铁行业产能利用率，达到降低成本、增加收益的目的，所以此处选择利润总额才能真实反映出全行业实际的生产效率。根据《中国钢铁工业年鉴》，2015年钢铁行业出现亏损现象，利润总额为负数，但DEA模型要求投入产出指标是非负数。鉴于此，模型运算时，将2015年钢铁行业的利润总额看作零。钢铁企业在实际生产过程中产生的污染物主要有污水、烟尘、二氧化硫、二氧化碳、钢渣等废弃物，但由于统计数据受限，无法直接获得相关数据。2021年国家提出"碳达峰"和"碳中和"目标，此处选择碳排放作为非期望产出指标符合国家节能减排的新部署。同时，二氧化碳与其他污染物的排放具有协同效应，企业技术进步在减少碳排放的同时，也能实现其他污染物协同减排，因此选择碳排放作为非期望产出指标符合技术意义上生产能力的内涵。但目前的工业统计年鉴和钢铁工业年鉴并未统计碳排放情况，故此处运用系数法进行估算。借鉴上官方钦（2021）的研究思想，将黑色金属产矿业、中黑色金属冶炼及压延加工业终端能源消费量作为钢铁行业能源碳源的核算依据。根据 DEA 模型评价的要求，样本个数应为指标个数的两倍及以上，本书选取的指标一共有 5 个，因此样板年份至少要在10 年以上。结合数据可得性，选择 2008—2019 年作为测算样本。

表 7-4　钢铁行业产能利用率测算的投入产出指标

投入产出指标	表征指标	数据来源及说明
投入指标	固定资产净值	《中国钢铁工业年鉴》
	能源消耗量（标准煤）	《中国能源统计年鉴》
	从业人员数量	《中国钢铁工业年鉴》、前瞻网官方网站
产出指标	利润总额	《中国钢铁工业年鉴》
	碳排放	由公式 $C=FQ$ 计算而得。其中，C 为碳排放，F 为煤炭碳排放系数，Q 为标准煤消耗量

三、结果分析

图 7-6 反映了 2008—2019 年钢铁行业产能利用率的变化趋势。据图可发现，钢铁行业产能利用的综合效率总体上经历了两个变化阶段。2008—2015年为波动下降阶段，综合效率维持在 40% 以下，2015 年甚至下降至 0，这再次证明了我国钢铁行业产能利用率低的观点。2015—2019 年为波动上升阶段，并在 2018 年达到历史最大值。2015 年底国家转变化解产能过剩的思路，并于2016 年出台《关于钢铁行业化解过剩产能实现脱困发展的意见》（国发〔2016〕6 号），从供给端强化去产能力度。2016—2018 年间，我国钢铁行业压减淘汰落后产能 1.5 亿吨，累计退出"僵尸企业"粗钢产能 6474 万吨[1]，提前完成"十三五"去产能目标任务，产能利用率也得到大幅提升，达到历史最大值。但从图中也可发现，2019 年钢铁行业规模效率有所下降，但仍然维持在 70% 左右。分析发现，钢铁行业在经历三年化解过剩产能的努力后，供给侧结构性改革带来的政策红利逐渐衰减，钢铁行业高供给压力有所显现，市场价格有所下降，叠加铁矿石价格大幅上涨侵蚀企业利润，钢铁行业盈利水平显著下降，造成产能利用率下降。

---

[1]　杨毅、邱新鲁：《工信部：我国提前两年完成"十三五"钢铁行业去产能 1.5 亿吨目标》，https://baijiahao.baidu.com/s?id=1692994318042424619&wfr=spider&for=pc。

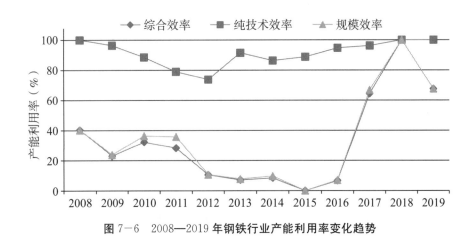

图 7—6 2008—2019 年钢铁行业产能利用率变化趋势

规模效率与纯技术效率变化趋势与综合效率变化趋势一致性较高，波动幅度较大，技术效率呈现出先下降后上升的趋势，维持在 70% 以上。据图发现纯技术效率大于规模效率（2018 年除外），这表明提高纯技术效率对提升钢铁行业产能利用率发挥着主导作用，这也是国家新一轮去产能政策着重强调要淘汰掉落后产能、大力倡导技术创新的原因。测算结果还显示出综合效率仍处于规模报酬递增的阶段，这是否意味着扩大生产规模还可以提高综合效率？我国钢铁行业目前面临的现实说明并非如此，传统生产要素规模的扩大，并不能带来产能利用率的提升，而是造成产能过剩。今后只有通过适当扩大先进生产要素（先进生产设备和高素质劳动力）规模，才可能在更高的生产层次上通过追加要素提高产能利用率。

考虑非期望产出测算出的产能利用率是否具有可比性呢？此处选择了 1 篇刊登在《产业经济评论》期刊上的名为《产能利用率的省际差异及其与市场化水平的关系——基于钢铁行业规模以上企业数据 DSBM 方法的测算》的文献进行讨论。孟昌、王莉莉（2021）选取资本存量、存货及劳动力作为投入指标，生产总值作为产出指标，运用 SBM－DEA 模型测算了钢铁行业（黑色金属冶炼及压延加工业）产能利用率，如图 7—7 所示。

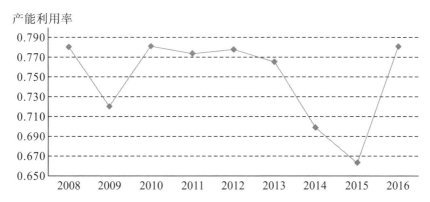

图 7-7 不考虑非期望产出的 2008—2019 年钢铁行业产能利用率变化趋势

资料来源：孟昌、王莉莉，2021。

对比图 7-6 和图 7-7 综合效率（2008—2016 年）的变化趋势可发现，考虑了非期望产出的综合效率与未考虑非期望产出的综合效率的变化趋势具有一致性，均呈现出"2009 年下降，2010 年上升，2010—2015 年持续下降，2016 年上升"的特征。由此可以预判，本书测算出的 2017—2019 年产能利用率的变化趋势也具有一定科学性。此外，还可看出，考虑了非期望产出的产能利用率明显低于未考虑非期望产出的产能利用率。从模型本身的角度来看，本书考虑非期望产出测算出的产能利用率可以反映出钢铁行业产能利用率的实际变化情况。

可见，在运用 DEA 模型测算综合效率时，未考虑期望产出的综合效率被高估。如果要将企业由于治理环境污染而增加的额外成本（机会成本、罚款成本和投机成本等）纳入总成本，那么运用成本函数法、峰值法和协整法测算出来的产能利用率是否能反映出钢铁行业真实的产能利用率还值得商榷。DEA 模型测算出的产能利用率仍然存在很多局限，其测算值是一个相对值，仅仅反映出测算年份单元之间相对的产能利用率。在高质量发展背景下，提出一种能科学合理反映工业企业生产经济正外部性和环境负外部性的产能利用率测算方法还需要学界持续发力。

第三节　去产能政策影响钢铁行业
产能利用率的计量检验

一、文献回顾

产能过剩不仅是中央政府高度关注的经济社会治理问题，也是学界研究的热点议题。已有关于去产能的文献沿着"表征形式—形成机理—如何治理—效果如何"的研究脉络不断发展。钢铁行业作为我国供给侧结构性改革去产能任务的主战场，化解钢铁行业产能过剩的相关问题也得到学界普遍重视。马军、窦超（2017）运用协整法测度了我国钢铁行业产能利用率，并发现经济波动、地方政府投资和资本密集度显著正向影响产能过剩。邓忠奇等（2018）利用断点回归法研究了2001—2016年钢铁行业去产能政策效果，认为去产能政策对提高钢铁产能利用率短期有效，但长期效果不明显。杨立勋、向燕妮（2020）通过数理逻辑分析和面板校正标准误分析法，发现中国钢铁行业集中度与产能利用率之间存在非线性"倒U"形关系。孟昌、王莉莉（2021）运用DSBM测算了29个省（区、市）2008—2016年钢铁行业的产能利用率，并研究了产能利用率与市场化水平的关系。王莉莉、孟昌（2019）构建了产能过剩效率损失核算方法，核算出2016年钢铁行业的效率损失为823.54亿元。马文军（2020）研究发现，2018年钢铁产业实际产能（产量）超出有效市场需求2.51％，产能过剩明显缓解，供需基本实现均衡。但总体来看，现有文献仍然存在以下不足：第一，对于产能利用率内涵的理解并未达成一致，且测算方法更是多元；第二，对新一轮去产能政策效应的研究报道还较少；第三，系统研究去产能政策影响产能利用率机理的文献也较少。这些研究存在的不足为后续研究者留下了继续探索的空间。

二、理论分析

供给侧结构性改革背景下的去产能政策与国家先行去产能政策的终极目标具有一致性，本质都是提高过剩行业产能利用率。那么，供给侧结构性改革背景下钢铁行业去产能政策是否提高了钢铁行业的产能利用率？又通过那些路径来影响钢铁行业产能利用率？根据国务院《关于钢铁行业化解过剩产能实现脱困发展的意见》的政策文件精神以及供给侧结构性改革背景下我国钢铁行业化解产能过剩的具体实践，去产能政策影响钢铁行业产能利用率的影响路径可总结为设备优化升级、企业兼并重组、技术创新驱动、国际市场开拓、环境保护规制等五个方面。

（一）路径一：去产能政策→设备优化升级→产能利用率提高

我国经济发展进入新常态阶段，市场对钢铁产品质量提出了更高的要求，然而我国钢铁行业生产设备及工艺的优化升级远跟不上市场消费升级的变化速度，落后生产设备及生产工艺比重高成了钢铁行业产能利用率低的主要原因之一。在供给侧结构性改革背景下，钢铁行业去产能政策文件提出"必须按照《产业结构调整指导目录（2011 年本）（修正）》的有关规定，立即关停并拆除400 立方米及以下炼铁高炉、30 吨及以下炼钢转炉、30 吨及以下炼钢电炉等落后生产设备"的要求。设备优化升级有助于提高产品质量、节约要素资源和降低污染排放，从而提高产能利用率。首先，生产设备及工艺级别决定了能生产出什么质量的产品。毋庸置疑，先进生产设备及工艺能生产出高质量的钢铁产品，能更好地满足市场需求，获得更多的市场收益。其次，在产出既定的情况下，先进的生产设备及工艺可减少能源、水、电、原材料等生产要素的投入量，节约更多的生产成本，实现成本最小化；在投入既定的情况下，先进的生产设备及工艺可增加钢铁产品产出量，实现产出最大化。在钢铁行业达到生产者均衡时，要素资源得到高效利用。最后，先进的生产设备及工艺在减少要素资源投入的同时，也可以减少废气、废水和废弃固体等污染物产出量，协同推进减污降碳。

（二）路径二：去产能政策→企业兼并重组→产能利用率提高

钢铁行业是"僵尸企业"重灾区，"僵尸企业"的停产和半停产、高额负债及连续亏损的情况严重制约了钢铁行业的产能利用率，企业兼并重组迫在眉睫（刘小军、徐勤凤，2019）。在供给侧结构性改革背景下，钢铁行业去产能政策文件提出"鼓励有条件的钢铁企业实施跨行业、跨地区、跨所有制减量化兼并重组，重点推进产钢大省的企业实施兼并重组，退出部分过剩产能"的要求。企业兼并重组主要通过提高产业集中度和倒逼"僵尸企业"退出市场来提高产能利用率（刘鹏、何冬梅，2019）。一方面，从产业组织学角度看，兼并重组可加快"僵尸企业"退出市场，减少行业内企业数量，直接淘汰掉"僵尸企业"落后的生产设备及劳动力,使行业市场集中度得到有效提升。而高市场集中度可以带来更高的生产利润,扭转全行业持续亏损的局面,实现全行业产能利用率的上升。另一方面,钢铁行业生产设备专用性强,如果轻易退出市场,之前投资的设备就会变成破铜烂铁。通过兼并重组可减少一些具有一定比较优势的"僵尸企业"直接退出市场造成的设备贬值损失,同时可通过优势互补实现产能优化配置,提高兼并重组后企业的产能利用率,进而提升整个行业的产能利用率。此外,兼并重组后的企业能实现"1+1>2"的效应,不仅可使兼并重组后的企业竞争力得到一定程度提升,还可倒逼一些无任何发展潜力的"僵尸企业"退出市场。

(三) 路径三:去产能政策→技术创新驱动→产能利用率提高

我国产能过剩的一个重要因素就是生产技术过于落后,其根源在于企业技术创新能力不足,因此,推动技术改革创新成了化解过剩产能的关键(颜恩点、李上智,2020)。在供给侧结构性改革背景下,钢铁行业去产能政策文件明确提出"提升企业研发、生产和服务的智能化水平,建设一批智能制造示范工厂"的要求。生产技术先进与否直接影响企业的生产效率,甚至关乎企业存亡。在高质量发展背景下,技术创新驱动为顺应时代潮流、增强市场竞争力提供了关键保障(李后建、张剑,2017)。学界对技术创新驱动影响产能利用率有三种不同的观点:一是技术创新驱动有利于提高产能利用率(温湖炜,2017),二是技术创新驱动对产能利用率的影响存在明显的门槛效益(吴艳等,2018),三是技术创新驱动在环境规制、对外开放两大影响产能利用率的路径中存在明显的中介效应(于连超等,2021)。但总体上看,技术创新驱动对产能利用率的影响是积极的,且主要通过规模效应、结构效应、方式效应影响产能利用率,以引进新生产设备、研发新生产工艺及产品来降低生产成本、减少污染排放、增加营销利润,进而实现产能利用率的提升。

(四) 路径四:去产能政策→国际市场开拓→产能利用率提高

根据市场供需理论,在市场需求疲软的情况下,市场难以实现出清,导致供过于求,库存增加,产量下降,过剩产能上升,产能利用率下降。尽管新一轮去产能政策着重从供给端来化解过剩产能,但协同刺激需求端来化解产能过剩仍然具有一定的潜力,尤其是对国际市场的开拓(陈晓珊、刘洪铎,2016)。在供给侧结构性改革背景下,钢铁行业去产能政策文件提出"鼓励有条件的企业结合'一带一路'建设,通过开展国际产能合作转移部分产能,实现互利共赢"的要求。一言以蔽之，国际市场开拓以贸易和投资（海外并购）的方式来降低钢铁行业库存和转移过剩产能，以达到提高产能利用率的目的（李启佳，2021；刘建勇、江秋丽，2019；毛其淋、杨琦，2021）。在国际贸易和国际投资过程中，企业通过知识溢出、技术溢出、市场竞争和资源重组效应来提高生产效率、化解过剩产能（杨振兵、严兵，2020）。在我国实施开放发展战略、提出"一带一路"倡议的时代背景下，国际贸易和国际投资对解决我国产能过剩问题发挥了积极作用的观点被多数学者证实（罗长远、陈智韬，2021）。

（五）路径五：去产能政策→环境保护规制→产能利用率提高

实际上，运用环境保护规制淘汰落后产能的思路和实践本身就是中国产业政策和环境政策融合创新的成果。在供给侧结构性改革背景下，钢铁行业去产能政策文件明确提出了"严格执行环境保护法，对污染物排放达不到《钢铁工业水污染物排放标准》《钢铁烧结、球团工业大气污染物排放标准》《炼铁工业大气污染物排放标准》《炼钢工业大气污染物排放标准》《轧钢工业大气污染物排放标准》等要求的钢铁产能，实施按日连续处罚，情节严重的，报经有批准权的人民政府批准，责令停业、关闭"的规定。环境保护规制主要通过倒逼企业进行技术创新，以达到提高产能利用率的目的（刘建勇、李晓芳，2018）。从短期来看，环境规制逼迫污染排放不达标的企业停产关闭，对化解过剩产能的作用并不显著。但从长期来看，环境保护规制会增加企业因污染环境而遭到的处罚，从而提高企业运营成本。负债率高、竞争力弱和生产落后的"僵尸企业"面临的技术创新、污染罚款和行政处分风险较高，当它们难以承担如此昂贵的经营成本，就会在污染排放达不到标准时及时退出市场，从而减少整个行业的落后产能，提高行业集中度（杜威剑，2019）。具有一定比较优势的企业为了达到污染排放标准，就必须进行技术创新或者购买新的设施设备，采用先进的生产工艺，淘汰传统及落后的生产设备和生产工艺，进而达到提高产能利用率的目的（于连超等，2021；韩国高、王昱博，2020）。

三、研究假设

综上所述，从去产能利用率测度模型（数据包络模型）角度来看，影响产能利用率是模型的投入指标和产出指标，而去产能政策通过设备优化升级、企业兼并重组、技术创新驱动、国际市场开拓和环境保护规制这五条路径使钢铁行业产生资源节约效应、高效产出效应和污染减排效应，进而提升钢铁行业产能利用率。由此构建出去产能政策影响钢铁行业产能利用率的逻辑框架，如图 7-8 所示。

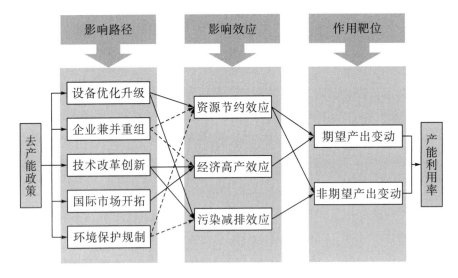

图 7-8　去产能政策对钢铁产业产能利用率的作用路径

根据上述分析，提出以下假设：

假设 1：去产能政策对提高钢铁行业产能利用率有直接的正向作用。

假设 2：去产能政策可通过设备优化升级间接发挥正向作用，提高钢铁行业产能利用率。

假设 3：去产能政策可通过企业兼并重组间接发挥正向作用，提高钢铁行业产能利用率。

假设 4：去产能政策可通过技术创新驱动间接发挥正向作用，提高钢铁行业产能利用率。

假设 5：去产能政策可通过国际市场开拓间接发挥正向作用，提高钢铁行业产能利用率。

假设 6：去产能政策可通过环境保护规制间接发挥正向作用，提高钢铁行业产能利用率。

四、变量选取

根据以上理论分析和研究假设，兼顾数据可得性选取被解释变量、解释变量和控制变量。

（1）被解释变量。选取钢铁行业产能利用率作为被解释变量，记作 CU。此处用 SBM-DEA 模型来测度钢铁行业产能利用率。实际上，学术界将用这种方法测算出来的结果称为环境技术效率。从本质上讲，它反映的是钢铁行业在谋求绿色低碳发展的过程中表现出来的能力和努力程度，是技术进步对经济发展、资源利用与生态环境作用的综合反映，这种测算思路更符合国家高质量发展的时代需求。

（2）解释变量。①去产能政策。考虑到供给侧结构性改革在 2015 年底被正式提出，而且《关于钢铁行业化解过剩产能实现脱困发展的意见》文件在 2016 年 1 月发布，因此选择 2015 年作为政策冲击时间断点，并将政策实施变量设置为"2015 年以前=0，2015 年以后=1"，记作 Dcp。

②设备优化升级。《关于钢铁行业化解过剩产能实现脱困发展的意见》对钢铁行业炼铁高炉、转炉及电炉技术标准作了规定，而且由于这三种生产设备处于钢铁生产的不同环节，它们对钢铁行业产能利用率的影响存在异质性。因此，选择 1000 立方米以上炼铁高炉比重、100 吨以上转炉比重及 30 吨以上电炉比重三个指标来反映设备优化升级情况，并运用算术平均赋权法求取综合指数来表达，记作 Eor。综合指数上升说明设备得到优化升级。由于《中国钢铁工业年鉴》2015 年前后对电炉技术标准的统计口径不一致，故咨询相关专家对 30 吨以下电炉比重进行适当修正。

③企业兼并重组。企业数量和产业集中度均可反映企业兼并重组情况。鉴于数据连续性和可获得性，选取企业数量作为表征，记作 Emr。企业数量减少说明企业兼并重组顺利推进。

④技术创新驱动。一般而言，多数学者选择研发投入、研发人员比重及专利数量来反映技术创新驱动（韩国高，2018；温湖炜，2015）。但《中国钢铁工业年鉴》未统计 2015 年以前科技创新驱动方面的数据，给研究造成了很大困难。从文献中发现，技术创新驱动在产能过剩行业中发挥着节能减排的作用（李后建、张剑，2017）。因此，选择吨钢综合能耗、污染物综合排放合格率及污染物综合重复利用率三个指标来反映技术创新驱动，同样采用算术平均赋权法求取综合指数来表达，记作 Ti。其中，污染物综合重复利用率用污水重复利用率、废渣利用率及可燃气体回收率三个指标的平均值来表示。综合指数上升说明企业技术创新水平得到提高。

⑤国际市场开拓。国际市场开拓途径主要有国际贸易、国际技术转移及国际投资等多种形式。考虑到我国钢铁企业主要通过国际贸易形式开拓国际市场，选择钢铁产品出口额占营业收入的比重作为表征，记作 Imd。比重上升

说明国际市场开拓水平上升。

⑥环境保护规制。搜集研究时间段内中央政府（国务院、国家发展改革委、工信部及生态环境部等）出台的与去产能相关的文件和举行的重要会议，统计文件和重要会议中有关"节能减排""污染防治"和"清洁生产"等词语的频数，以词频数作为表征，记作 Epr。

⑦交叉项变量。为了检验去产能政策通过设备优化升级、企业兼并重组、技术创新驱动、国际市场开拓和环境保护规制五条路径对钢铁行业产能利用率产生的影响，构建去产能政策与设备优化升级、企业兼并重组、技术创新驱动、国际市场开拓和环境保护规制的交互项，分别记为 $Dcp \times Eor$、$Dcp \times Emr$、$Dcp \times Ti$、$Dcp \times Imd$ 和 $Dcp \times Epr$。

（3）控制变量。根据现有研究成果（陈汝影、余东华，2019；孔令文、李延喜，2020），选择负债率（Dr）、经济周期（Fc）、市场化水平（Ml）及行业资本密度（Icd）四个指标作为控制变量。其中，资本周转率用流动资产与长期负债之比表示，经济周期采用实际经济增长速度表示，市场化水平直接运用樊纲等编制的市场化指数表示，行业资本密度用固定资产原价与劳动量之比表示。

（4）数据来源。以上变量数据主要来自 2009—2020 年的《中国钢铁工业年鉴》《中国工业年鉴》和《中国统计年鉴》。个别年份个别指标存在缺少的情况，故采取行业报告和文献资料数据进行填补。变量描述性统计如表 7-5 所示。

表 7-5　变量描述性统计

变量名称	变量符号	均值	标准差
产能利用率	CU	0.31	0.33
去产能政策	Dcp	0.36	0.50
设备优化升级	Eor	43.42	7.67
企业兼并重组	Emr	9789.09	2993.95
技术创新驱动	Ti	96.77	1.43
国际市场开拓	Imd	0.88	0.22
环境保护规制	Epr	58.27	22.72
负债率	Dr	0.66	0.03
资本密度	Icd	92.58	41.70
经济周期	Fc	10.86	3.93
市场化水平	Ml	5.98	0.67

五、模型构建

学界研究政策效应时，多采用双重差分模型。但一般而言，双重差分模型仅适用于面板数据，而且所构建的实验组和对照组具有明显的界限和差异。尽管我国把化解过剩产能的重点放在钢铁、煤炭、水泥、玻璃及电解铝等行业，但是其他工业行业同样普遍存在产能过剩的问题，去产能政策对工业领域各行业均有一定冲击，而且化解钢铁行业过剩产能对其上下游企业也会造成冲击。因此在工业行业内难以找到可与钢铁行业形成鲜明差异的行业，即使能找到，也无法获取到较为全面的行业统计数据。因此，此处就选取 OLS 模型进行检验，基本模型如下：

$$CU_t = \delta_1 + \alpha_1 Dcp_t + \varepsilon_1 \qquad (7-6)$$

$$CU_t = \delta_2 + \alpha_1 Dcp_t + \beta_1 Cv_t + \varepsilon_2 \qquad (7-7)$$

$$CU_t = \delta_3 + \omega_1 Dcp_t + \omega_t Cv_t + \omega_t^* Mv_t + \omega^{**} Iv_t + \varepsilon_3 \qquad (7-8)$$

以上模型中，CU_t 为钢铁行业产能利用率，Dcp_t 为去产能政策变量。Cv_t 为控制变量（负债率、资本密度、经济周期和市场化水平）。Mv_t 为解释变量（设备优化升级、企业兼并重组、技术创新驱动、国际市场开拓和环境保护规制）。Iv_t 为交互项（去产能政策与设备优化升级、去产能政策与企业兼并重组、去产能政策与技术创新驱动、去产能政策与国际市场开拓及去产能政策与环境保护规制）。α、β 和 ω 为弹性系数。δ 为常数项。ε 为随机扰动项。其中，（7-6）式用来检验去产能政策与钢铁行业产能利用率的关系。（7-7）式是在（7-6）式的基础上，加入控制变量来检验去产能政策与钢铁行业产能利用率的关系。（7-8）式是在（7-7）式的基础上，加入交互项来检验去产能政策影响钢铁行业产能利用率的作用路径。为了消除异方差对模型的影响，均取上述变量（去产能政策变量除外）的对数值进行实证分析。模型运行通过 Eviews 软件完成。

六、结果分析

（一）基准回归分析

表 7-6 报告了去产能政策影响钢铁行业产能利用率的检验结果。其中，

模型 1 单独考察去产能政策与产能利用率的关系，模型 2 是在模型 1 的基础上纳入控制变量考察去产能政策与产能利用率的关系，模型 3~模型 7 是在模型 2 的基础上纳入设备优化升级、企业兼并重组、技术创新驱动、国家市场开拓及环境保护规制等变量及其与去产能政策的交互项来考察去产能政策影响产能利用率的路径。随着变量的不断加入，模型拟合优度得到提高，模型可信度增加。

表 7-6　去产能政策影响钢铁行业产能利用率的检验结果

变量	模型 1	模型 2	模型 3	模型 4	模型 5	模型 6	模型 7
Dcp	0.454** (2.905)	0.027* (2.560)	0.001* (2.869)	0.005* (2.777)	0.203*** (5.069)	0.086 (1.560)	0.313*** (6.570)
Eor			0.131* (2.560)				
Emr				-0.250** (3.568)			
Ti					0.741*** (6.001)		
Imd						-0.062 (-0.034)	
Epr							0.453** (3.364)
Ctr		-5.400* (-2.507)	-0.511* (-2.888)	-0.518** (-3.529)	-0.272** (-3.560)	-0.559* (-1.993)	-0.639 (-0.861)
Icd		-0.005* (-2.679)	-0.805** (-3.960)	-0.560* (-2.331)	-0.338* (-2.570)	-0.747** (-3.465)	0.317 (0.560)
Fc		0.035 (0.608)	0.456 (0.560)	0.411 (1.111)	0.788 (1.006)	0.445 (0.569)	0.511 (0.060)
Ml		0.148 (0.579)	0.313 (1.869)	0.265* (2.881)	0.349 (1.260)	0.332 (1.863)	0.280 (1.160)
$Dcp \times Eor$			0.068* (3.064)				
$Dcp \times Emr$				-0.111* (2.775)			
$Dcp \times Ti$					0.487*** (5.571)		

变量	模型 1	模型 2	模型 3	模型 4	模型 5	模型 6	模型 7
$Dcp \times Imd$						-0.008 (-1.264)	
$Dcp \times Epr$							0.408^{**} (3.336)
R^2	0.484	0.850	0.846	0.849	0.946	0.856	0.846
P	0.017	0.068	0.094	0.090	0.016	0.089	0.061

注："＊"表示 10％显著性水平，"＊＊"表示 5％显著性水平，"＊＊＊"表示 1％显著性水平。（ ）内表示 t 值，下同。

如表 7-6 所示，模型 1～模型 7 显示，Dcp 均至少通过 10％显著性水平检验，且弹性系数符号为正，表明去产能政策对提高钢铁行业产能利用率发挥了积极作用，假设 1 得到验证。2015 年提出供给侧结构性改革后，《关于钢铁行业化解过剩产能实现脱困发展的意见》文件随即发布，而后中央政府陆续出台了相关配套政策文件，如国家发展改革委出台了《关于推进供给侧结构性改革促进产业转型升级的指导意见》，人力资源和社会保障部、国家发展改革委、工信部、财政部、民政部、国资监测委和全国总工会联合出台了《关于在化解钢铁煤炭行业过剩产能实现脱困发展过程中做好职工安置工作的意见》，工信部出台了《钢铁工业调整升级规划（2016—2020 年）》，财政部出台了《关于利用综合标准依法依规推动落后产能退出的指导意见》，国家发展改革委出台了《市场准入负面清单（2018 年版)》，生态环境部、国家发展改革委、工信部、财政部和交通运输部联合出台了《关于推进实施钢铁行业超低排放的意见》。在一系列政策的激励约束下，钢铁行业去产能取得了前所未有的成果。2015—2019 年钢铁行业产能利用率呈波动上升趋势，并在 2018 年达到历史最大值，扭转了 2010 年以来钢铁行业产能利用率持续下降的态势。

模型 3 显示，去产能政策与"设备优化升级"的交互项对产能利用率有显著正向影响，通过 10％显著性水平检验，表明"设备优化升级"是去产能政策影响产能利用率的作用路径，假设 2 得到验证。相关性检验得出，去产能政策与"设备优化升级"的弹性系数为 0.517（$P<10\%$），表明去产能政策对实现钢铁行业设备优化升级发挥着正向促进作用。统计数据也证实了这一结论：1000 立方米以下炼铁高炉比重在 2015 年之前均在 50％以上，2015 年之后持续下降，2019 年为 39.89％。100 吨以下转炉比重在 2015 年之前维持在 45％

以上，2015 年后持续下降，2019 年为 36.94％。30 吨以下电炉比重在 2015 年之前维持在 30％以上，2015 年后持续下降，2019 年为 23.36％。总体上看，2008—2015 年，设备优化升级指数平稳上升，年均增长速度为 2.69％。2015—2019 年设备优化升级指数快速上升，年均增长速度为 3.32％。去产能政策实施后，设备优化升级指数增长速度明显高于之前，对提高钢铁行业产能利用率发挥了积极作用。

模型 4 显示，去产能政策与"企业兼并重组"的交互项对产能利用率有显著正向影响，通过 5％显著性水平检验，表明"企业兼并重组"是去产能政策影响产能利用率的作用路径，假设 3 得到验证。相关性检验得出，去产能政策与"企业兼并重组"的弹性系数为 -0.740（$P<1\%$）。统计数据也证实了这一结论：2008—2012 年我国钢铁行业规模以上企业数量呈上升趋势，2012—2015 年减少 4837 家，年均减少 12.78％；2015—2019 年减少 4427 家，年均减少 14.44％。去产能政策实施后，企业兼并重组提速，企业数量下降速度高于之前，被占用的生产资源逐渐释放，有利于提高钢铁行业产业集中度和资源配置效率，发挥出更大的规模效应，对提高钢铁行业产能利用率发挥了积极作用。

模型 5 显示，去产能政策与"技术创新驱动"的交互项对产能利用率有显著正向影响，通过 1％显著性水平检验，表明"技术创新驱动"是去产能政策影响产能利用率的作用路径，假设 4 得到验证。相关性检验得出，去产能政策与"技术创新驱动"的弹性系数为 0.652（$P<5\%$）。统计数据也证实了这一结论：吨钢综合能耗在 2015 年之前波动变化特征显著，年均下降 0.75％；2015 年之后吨钢综合能耗呈平稳下降趋势，年均下降 0.98％。污染物综合排放合格率和污染物综合重复利用率在 2015 年之前呈波动下降趋势，2015 年下降趋势得以扭转，2019 年污染物综合排放合格率为 99.99％，企业水重复利用率、可燃气体利用率、废渣利用率分别为 97.94％、98.52％、97.95％，均有不同程度的提升。去产能政策实施后，技术创新驱动提速，促进了资源高效利用和减污降碳协同治理，对提高钢铁行业产能利用率发挥了积极作用。

模型 6 显示，去产能政策与"国际市场开拓"的交互项对产能利用率有负向影响，但未通过统计检验，假设 5 未得到验证。这说明通过需求端刺激出口贸易来提高钢铁行业产能利用率的潜力不足，也证实了为什么中央政府转变思路从供给端来化解产能过剩。2008 年全球金融危机后，我国钢铁产品出口额逐渐回升，但贸易顺差逐渐减少。2015 年国内钢铁产能被大幅度削减的情况下，钢铁产品产量下降，同时受到中美贸易持续摩擦的影响，钢铁出口严重受阻，出口额持续走下坡，贸易顺差额也表现出连续下降趋势，钢铁产品出口的比较优势不再显著。今后，钢铁企业应该转变开拓国际市场的方式，具有竞争力的大型企业应该借力"一带一路"建设，将部分产能转移到中亚、西亚及北非等发展中国家，进行钢铁产品投资生产。这不仅可以化解国内过剩的产能，还可以助力这些国家的基础设施建设和地区发展，实现双赢。

模型 7 显示，去产能政策与"环境保护规制"的交互项对产能利用率有显著正向影响，通过 5％显著性水平检验，表明"环境保护规制"是去产能政策影响产能利用率的作用路径，假设 6 得到验证。相关性检验得出，去产能政策与"环境保护规制"的弹性系数为 0.542（$P < 10\%$）。2016 年《关于钢铁行业化解过剩产能实现脱困发展的意见》文件出台后，在绿色发展理念的引领下，国家相关部门加强了环境规制力度，除了在直接与钢铁产业去产能相关的政策文件中对环境保护提出具体要求，在专项的环境规制中也对钢铁行业的环境保护做出了具体要求。如 2016 年环保部颁发的《关于积极发挥环境保护作用促进供给侧结构性改革的指导意见》提到"推行环保领跑者制度、推进绿色供应链环境管理、实施差别化排污收费政策、加强企业环境信用体系建设、完善环境监管执法机制"。2018 年国务院颁发的《关于印发打赢蓝天保卫战三年行动计划》提到"重点区域严禁新增钢铁、焦化、电解铝、水泥和平板玻璃等产能、提高重点区域过剩产能淘汰标准、严防'地条钢'死灰复燃"。2019 年生态环境部颁发的《关于推进实施钢铁行业超低排放的意见》提到"严格新改扩建项目环境准入、推进现有钢铁企业超低排放改造、推进钢铁企业全面达标排放、淘汰落后产能及设备"。环境保护规制倒逼企业技术创新，并迫使"僵尸企业"退出市场，对提升钢铁行业产能利用率发挥了积极作用。

此外，控制变量中，负债率在模型 2～模型 6 中均至少通过 10％显著性水平检验，且系数均为负，表明负债率对产能利用率有显著负向影响。负债率高是钢铁行业大量"僵尸企业"的典型特征。高负债率严重制约了企业的生产经营能力，在市场不景气的情况下，将导致严重的亏损现象，制约产能利用率的提升。资本密度在模型 2～模型 6 中均至少通过 10％显著性水平检验，且系数均为负，表明资本密度对产能利用率有显著负向影响。资本密度越高意味着劳动力拥有的生产设备越多，越可能出现产能过剩的情况，进而制约产能利用率的提升。经济周期和市场化水平对产能利用率的影响不显著。

通过模型可发现，去产能政策与钢铁行业产能利用率呈正相关关系，而且去产能政策通过设备优化升级、企业兼并重组、技术创新驱动和环境保护规制四条路径显著正向影响钢铁行业产能利用率，且去产能政策与"技术创新驱动"和"环境保护规制"的交互作用影响明显高于与"设备优化升级"和"企业兼并重组"的交互作用,表明供给侧结构性改革背景下的去产能政策主要通过"技术创新驱动"和"环境保护规制"作用于钢铁行业产能利用率。研究结论给我们的启示是:2019 年钢铁行业产能利用率出现下降的情况,去产能政策效应开始衰减。这说明随着过剩产能和"僵尸企业"淘汰目标的顺利完成,现有去产能政策对于指导"十四五"期间我国钢铁行业的发展可能存在一定的局限性,中央政府需要及时调整去产能政策。理论分析发现,去产能政策通过设备优化升级、企业兼并重组、技术创新驱动、国际市场开拓和环境保护规制五条路径来提升产能利用率,但实证分析发现"国际市场开拓"这条路径并未发挥其应有的作用。随着落后设备、落后劳动力的淘汰及"僵尸企业"逐步退出市场,未来通过这两条路径来提高产能利用率的潜在空间较小,中央政府在继续强化"技术创新驱动"和"环境保护规制"这两条路径时,应该激活"国际市场开拓"这条路径,充分挖掘我国与共建"一带一路"国家在钢铁产品出口贸易、钢铁产能转移投资、海外企业兼并重组及工业技术交流等领域的合作潜力。

(二)稳健性检验

第一种方法,安慰剂检验。上文选择 2015 年作为去产能政策实施时间断点。现假设政策时间断点不是 2015 年,而是其他年份。具体地,此处将政策断点分别前置和后置一年重复实证过程,检验结果如表 7-7 所示。以 2014 年为政策断点的检验模型中(模型 8~模型 12),所有变量均不显著,所有模型拟合优度较低,解释力度较差。以 2016 为政策断点检验模型中(模型 13~模型 17),模型 13、模型 15 和模型 17 中的变量 Dcp、Dcp 和 Epr 至少通过 10% 显著性水平检验,而其他所有变量均不显著,所有模型的拟合优度较低,解释力度较低。总体而言,以 2014 年和 2016 年为政策时间断点检验去产能政策对钢铁行业产能利用率的影响,模型效果(通过显著性检验的变量、模型的拟合优度)均较差。这表明选择 2015 年作为政策时间断点的研究结果稳健。

表7-7 设置其他政策断点时间的检验结果

变量	政策断点时间（2014年）						政策断点时间（2016年）			
	模型8	模型9	模型10	模型11	模型12	模型13	模型14	模型15	模型16	模型17
Dcp	0.020 (0.694)	0.124 (0.896)	0.343 (1.254)	0.062 (1.650)	0.110 (2.004)	0.129* (2.551)	0.222 (0.691)	0.557** (3.794)	0.029 (0.653)	0.133 (1.678)
Eor	0.109 (1.992)					0.228 (1.992)				
Emr		−0.146 (−1.647)					−0.204 (2.241)			
Ti			0.225 (2.046)					0.225 (2.046)		
Imd				−0.072 (−1.146)					−0.125 (−1.155)	
Epr					0.276 (0.674)					0.222* (0.476)
Fc	0.476 (0.477)	0.416 (1.170)	0.774 (1.348)	0.455 (0.628)	0.541 (0.266)	0.446 (0.414)	0.456 (1.576)	0.710 (1.344)	0.350 (0.646)	0.549 (0.232)
Ml	0.513 (1.367)	0.137* (2.453)	0.249 (1.256)	0.358 (1.358)	0.253 (1.136)	0.539 (1.364)	0.187* (2.458)	0.249 (1.266)	0.387 (1.390)	0.263 (1.139)
$Dcp \times Eor$	0.054 (1.396)					0.851 (1.394)				
$Dcp \times Emr$		−0.048 (−1.687)					−0.334 (−1.687)			

续表

变量	政策断点时间（2014年）					政策断点时间（2016年）				
	模型 8	模型 9	模型 10	模型 11	模型 12	模型 13	模型 14	模型 15	模型 16	模型 17
$Dcp \times Ti$			0.277 (1.689)					0.172 (3.485)		
$Dcp \times Imd$				-0.100 (-0.687)					-0.161 (-0.288)	
$Dcp \times Epr$					0.400 (1.421)					0.203 (1.181)
R^2	0.638	0.550	0.646	0.756	0.619	0.550	0.641	0.660	0.612	0.693
P	0.345	0.138	0.224	0.190	0.216	0.089	0.166	0.099	0.766	0.124

第二种方法，替换被解释变量。上文测算的是考虑了非期望产出的钢铁行业产能利用率，现以不考虑非期望产出的钢铁行业产能利用率为被解释变量，重复实证过程进行检验，检验结果如表 7-8 所示。变量符号依然与表 7-6 的估计一致，表明结果稳健。

表 7-8　不考虑非期望产出的检验结果

变量	模型 18	模型 19	模型 20	模型 21	模型 22	模型 23
Dcp	0.200* (2.882)	0.151* (2.869)	0.017* (2.347)	0.227** (4.162)	0.116 (1.060)	0.240*** (4.550)
Eor		0.229* (2.586)				
Emr			−0.133** (2.998)			
Ti				0.571*** (4.018		
Imd					−0.102 (−0.114)	
Epr						0.444** (3.550)
$Dcp \times Eor$		0.116* (2.465)				
$Dcp \times Emr$			−0.101* (2.795)			
$Dcp \times Ti$				0.586*** (5.661)		
$Dcp \times Imd$					−0.028 (−1.336)	
$Dcp \times Epr$						0.348** (4.345)
R^2	0.520	0.767	0.777	0.834	0.859	0.720
P	0.038	0.072	0.099	0.067	0.091	0.112

第四节　去产能政策下钢铁企业高质量发展水平评价

一、评价指标体系构建

对钢铁产业高质量发展的评价应该关注经济、环境、社会效益，同时也应注意科技创新驱动和对外开放发展。因此，本书结合新发展理念的内涵，将川渝地区钢铁产业高质量发展的影响因素归结为科技创新、产业协调、绿色发展、国际开放、社会共享等五个方面。通过影响因素分析，综合确定五个方面的具体指标。

本书将川渝地区钢铁行业高质量发展评价指标体系划分为 5 个一级指标、13 个二级指标、34 个三级指标，详见表 7-9。

表 7-9　钢铁企业高质量发展水平评价指标体系

一级指标	二级指标	三级指标
科技创新	科技创新环境	每万人中科技活动人员数
		人均 GDP
		公共图书馆藏书册数
		研发平台个数
		校企合作平台个数
	科技创新投入	专利申请受理数
		发表科技论文数
		形成国家或行业标准数目
	科技创新绩效	钢铁新特产品产量
		科创产品收入占主营业收入比重

续表

一级指标	二级指标	三级指标
产业协调	产业生产经营效率	从业人员人均粗钢产量
		资产负债率
		净资产收益率
	产业投入产出效率	主要产品产量
		主营业收入
		综合产销率
		利润总额
		投资总额
	产业聚集效应	产业集中度
		钢铁行业企业数
绿色发展	能源消耗	吨钢综合能耗
		吨钢新水消耗
	污染物排	SO_2 排放量
		NO_x 排放量
		COD 排放量
国际开放	进口指标	钢铁原材料进口量
		设备备件进口花费
	出口指标	出口产品量
		出口收入
	国际化指数	国际化指数
社会共享	职工就业状况	职工人均报酬
		吸纳就业人数
	社会责任保障	千人负伤率
		千人工亡率

（一）科技创新指标体系的构建

钢铁行业高质量发展，首先是源于科技创新，科技创新是提升行业发展竞争力的核心引擎。目前关于钢铁行业科技创新方面的指标，学界众说纷纭：学者赵彦云（2017）的研究表明，构建科技创新体系，需要考虑科技创新环境、科技创新投入、科技创新产出和科技对经济社会的影响四个要素；迟国泰（2018）等学者的研究表明，科技创新系统能力水平可以通过科技创新投入、科技创新产出、科技进步、知识创造、科学素养、综合创新能力六个方面定量评估；学者陈艳华（2017）从科研创新基础、科技创新投入水平、科技创新产出水平和科技创新技术扩散与经济效益四个方面进行了区域科技创新能力评价体系建构，设计了1个一级指标、4个二级指标、16个三级指标。综上所述，本书将借鉴前人研究成果，围绕科技创新环境、科技创新投入、科技创新产出和科技创新绩效四个方面对川渝地区钢铁行业科技创新能力进行评价。其中创新环境主要由每万人中科技活动人员数、人均GDP、公共图书馆藏书册数、研发平台个数、校企合作平台个数构成，科技创新投入主要由研发经费占总营业收入比重、关键技术人员数目、研发人员数目、特殊人才数目等构成，科技创新产出主要由专利申请受理数、发表科技论文数、形成国家或行业标准数目构成，科技创新绩效主要由钢铁新特产品产量、科创产品收入占主营业收入比重构成。

（二）产业协调指标体系的构建

钢铁行业协调发展是钢铁行业高质量发展的基石，行业协调发展有利于降低运营成本、提高利润，最终是为经济效益最大化服务的。产业协调发展水平固然受产业聚焦程度影响，但除此之外，还有其他影响和评估产业协调发展水平的指标，学者们对此开展了许多研究。洪水峰（2019）构建钢铁工业—生态环境—区域经济耦合协调发展评价指标体系时将产业规模、市场规模和就业规模作为钢铁工业的协调发展指标；邱爽等（2021）在研究此类问题时，除了产业规模和市场规模外还将产品研发纳入指标体系；魏博通（2022）构建制造业协调发展水平评价指标体系时纳入发展规模、经济效益、产业结构和创新能力等四个要素。除此之外，张伟（2020）在研究上市钢铁企业高质量发展时从内外部两个层面进行了协调发展指标体系设计，他认为资产负债率是衡量企业运作协调度的内部指标；外部指标则主要是企业与上下游客户之间是否高质量运行。综上所述，在借鉴学者研究成果的基础上，本书构建的产业协调发展水平评估指标体系包括产业生产经营效率、产业投入产出效率和产业聚集效应。产业生产经营效率具体由从业人员人均粗钢产量、资产负债率、净资产收益率构成，产业投入产出效率包括主要产品产量、主营业收入、综合产销率、利润总额、投资总额构成，产业聚集效应由产业集中度和钢铁行业企业数构成。

（三）绿色发展指标体系的构建

《国务院关于印发〈中国制造 2025〉的通知》明确指出，钢铁行业要利用标准化措施，加强钢铁工业绿色发展，助力碳达峰碳中和目标早日实现。同时钢铁行业绿色发展是推动钢铁行业转型升级、实现可持续发展的重要途径。王海风（2022）从能源消耗、污染释放、新水排放三方面对中国钢铁工业绿色发展现状进行综述，认为钢铁制造流程呈现出三大功能的演化的趋势，即钢铁工业将向低碳化、绿色化、智能化方向推进。本书借鉴前人研究成果，将能源消耗和污染排放作为绿色发展评价指标。能源消耗方面，钢铁行业仍在从单体设备节能和系统节能逐步向全流程优化的综合节能方向过渡，煤炭消耗是主要资源消耗方式，占总能耗的 90％以上，此外还包括水和电的消耗。污染排放方面，烧结、焦化、球团和高炉炼铁工序会产生钢铁工业颗粒污染物、SO_2、NO_x 等大气污染物，焦化工序会带来 COD 排放。因此，本书将能源消耗和污染物排放作为绿色发展指标体系的测度指标，其中能源消耗包括吨钢综合能耗和吨钢新水消耗，污染物排放包括 SO_2 排放量、NO_x 排放量、COD 排放量。

（四）国际开放指标体系的构建

我国钢铁行业发展经历了引进来到走出去的转变过程。20 世纪 90 年代以来，得益于大量技术装备的引进和在此基础上的消化、吸收、再创新，我国取得了钢铁生产过程中的连铸、高炉长寿、高炉喷煤、转炉、连轧化和综合节能等关键共性技术的突破，钢铁生产工艺流程得到极大优化。同时我国钢铁企业国产化率也在逐步提高，从单体设备出口到国外工程承包，我国的钢铁技术、装备、管理实现整体输出。学者李雨佳（2107）分析了我国钢铁贸易遭遇及存在的问题，同时设计了提高我国钢铁贸易国际竞争力的路径，包括增加战略性产品进口、积极参与国际铁矿石开发与经营、积极参与多边贸易等。因此本书将进口指标、出口指标和国际化指数作为国际开放指标体系的测度指标，其中进口指标包括钢铁原材料进口量、设备备件进口花费，出口指标包括出口产品量、出口收入。

（五）社会共享指标体系的构建

经济发展新常态和供给侧结构性改革背景下的去产能必须坚持以人民为中心的发展思想。新发展阶段，共享发展理念是马克思主义社会观的继承和发展，以人民为中心是共享发展的价值取向。钢铁行业也是共享发展的践行者，应该时刻坚持以人为本的思想，在追求高质量发展的同时，积极共享企业发展成果，实现职工收入与企业发展同步增长，不断增强职工获得感和幸福感，充分调动职工积极性。学者杜宏巍（2022）在探讨共享理念和发展成效时，构建了共享发展体系，主要包括共享性指标和发展性指标，其中共享性指标包括收入差异、城乡差异、服务覆盖等3个二级指标，3个二级指标下分出8个三级指标。学者吴东武（2021）在评价广东省高质量发展时，将经济效益（人均产值、投资额）和社会效益（吸纳就业人数、人工工资比重）作为共享发展的指标。因此，本书将共享发展指标体系分为职工就业状况和社会责任保障两个方面，其中职工就业状况包括职工人均报酬、吸纳就业人数，社会责任包括千人负伤率和千人工亡率。

二、评价方法与数据来源

本次评价方法主要采用 TOPSIS 法，该方法操作主要为数据标准化→确定指标权重→计算综合得分。

（一）进行数据正向化、逆向化和标准化处理

设对攀钢高质量发展评价的原始数据进行数据正向化、逆向化和标准化处理后的数据矩阵为：

$$\boldsymbol{A}_{mn} = \begin{bmatrix} \alpha_{11} & \alpha_{12} & \cdots & \alpha_{1n} \\ \alpha_{21} & \alpha_{22} & \cdots & \alpha_{2j} \\ \vdots & \vdots & \ddots & \vdots \\ \alpha_{m1} & \alpha_{i2} & \cdots & \alpha_{mn} \end{bmatrix} \tag{7-9}$$

式中，a_{ij} 代表第 i 个指标评价层的第 j 个指标数值。

（二）用熵权法确定各个指标权重

首先，将各指标同度量化，计算第 j 项指标下第 i 个指标值的比重 p_{ij}。

$$p_{ij} = \frac{u_{ij}}{\sum\limits_{i=1}^{m} u_{ij}} \tag{7-10}$$

其次，计算第 j 项指标的熵值 e_j：

$$e_j = -k \sum_{i=1}^{m} p_{ij} \ln p_{ij} \qquad (7-12)$$

式中，常数 k 与系统的样本数 m 有关，此时令 $k = \dfrac{1}{\ln m}$，则 $0 \leqslant e \leqslant 1$。

计算指标的效用值 $d_j = 1 - e_j$，d_j 越大，该指标所含价值越大，其对应权重也就大。

那么第 j 项指标权重：

$$w_j = \frac{d_j}{\sum_{j=1}^{n} d_j} \qquad (7-13)$$

（三）计算综合得分

根据熵权法原理，由标准化矩阵 $\boldsymbol{V'}$ 和指标信息权重 $\boldsymbol{B}$，得到加权判断矩阵 $\boldsymbol{Z}$：

$$\boldsymbol{Z} = \boldsymbol{V'B} = \begin{bmatrix} X_{11} & X_{12} & \cdots & X_{1n} \\ X_{21} & X_{22} & \cdots & X_{2n} \\ \vdots & \vdots & \ddots & \vdots \\ X_{m1} & X_{m2} & \cdots & X_{mn} \end{bmatrix} \begin{bmatrix} \omega_1 & 0 & \cdots & 0 \\ 0 & \omega_2 & \cdots & 0 \\ \vdots & \vdots & \ddots & \vdots \\ 0 & 0 & \cdots & \omega_n \end{bmatrix} = \begin{bmatrix} f_{11} & f_{12} & \cdots & f_{1n} \\ f_{21} & f_{22} & \cdots & f_{2n} \\ \vdots & \vdots & \ddots & \vdots \\ f_{m1} & f_{m2} & \cdots & f_{mn} \end{bmatrix}$$
$$(7-14)$$

根据加权判断矩阵获取评估目标的正负理想解：

正理想解：

$$f_i^* = \begin{cases} \max(f_{ij}), j \in J^* \\ \min(f_{ij}), j \in J' \end{cases}, j = 1, 2, \cdots, n \qquad (7-15)$$

负理想解：

$$f_i^* = \begin{cases} \min(f_{ij}), j \in J^* \\ \max(f_{ij}), j \in J' \end{cases}, j = 1, 2, \cdots, n \qquad (7-16)$$

式中，J^* 为效益型指标，J' 为成本型指标。计算各目标值与理想值之间的欧氏距离：

$$S_i^* = \sqrt{\sum_{j=1}^{m} (f_{ij} - f_j^*)^2}, j = 1, 2, \cdots, n \qquad (7-17)$$

$$S'_i = \sqrt{\sum_{j=1}^{m} (f_{ij} - f_j^*)^2}, j = 1, 2, \cdots, n \qquad (7-18)$$

计算各个目标的相对贴近度：

$$C_i^* = \frac{S_i}{S_i^* + S_i}, j = 1, 2, \cdots, m \qquad (7-19)$$

依照相对、贴近度的大小对目标进行排序，形成决策依据。

数据来源于知网 2013—2020 年攀钢年鉴，攀钢能耗数据来源于《中国钢铁工业年鉴》和东方财富网的《攀钢企业年报》。

三、评价步骤

本节将运用熵权 TOPSIS 法对攀钢从五个维度进行高质量发展绩效评价。根据指标属性进行正向化、逆向化和标准化指标分类，除指标 X8、X15～X20 外，其余指标均为正向化指标，具体结果见表 7-10。

表 7-10　2013—2020 年攀钢高质量发展评价指标标准化数据

变量	2013	2014	2015	2016	2017	2018	2019	2020
X1	0.000	0.650	0.727	0.589	0.753	0.787	0.970	1.000
X2	0.189	0.209	1.000	0.005	0.008	0.000	0.046	0.543
X3	0.000	0.271	0.167	0.208	1.000	0.063	0.104	0.021
X4	0.000	0.133	0.467	1.000	0.433	0.800	0.567	0.733
X5	0.000	0.029	0.029	0.138	0.145	0.568	0.788	1.000
X6	0.146	0.160	1.000	0.024	0.012	0.000	0.026	0.302
X7	1.000	0.834	0.874	0.330	0.203	0.181	0.017	0.000
X8	0.264	0.239	0.152	0.000	0.250	0.667	1.000	0.945
X9	0.375	0.451	0.000	0.210	0.967	0.967	1.000	0.983
X10	0.985	1.000	0.000	0.161	0.337	0.313	0.812	0.698
X11	0.465	0.468	0.000	0.101	0.575	0.930	0.952	1.000
X12	0.614	0.000	0.779	0.491	0.225	1.000	0.457	0.865
X13	0.000	0.259	0.000	0.254	0.799	1.000	0.984	0.971
X14	0.000	1.000	0.037	0.088	0.190	0.346	0.403	0.573

变量	2013	2014	2015	2016	2017	2018	2019	2020
X15	0.058	0.000	0.155	0.309	0.791	1.000	0.931	0.971
X16	0.000	0.016	0.559	0.645	0.742	0.892	0.973	1.000
X17	0.000	0.062	0.592	0.928	0.934	0.945	0.987	1.000
X18	0.000	0.021	0.359	0.963	1.000	0.832	0.846	0.866
X19	0.019	0.000	0.405	0.849	0.916	0.962	0.987	1.000
X20	0.090	0.000	0.036	0.803	1.000	0.976	0.954	0.979
X21	0.000	0.098	0.013	0.520	0.881	1.000	0.795	0.872
X22	0.000	0.000	0.000	0.000	0.364	0.956	1.000	0.680
X23	0.977	1.000	0.000	0.185	0.418	0.371	0.834	0.726
X24	0.883	0.936	0.690	0.022	0.000	1.000	0.425	0.114
X25	1.000	0.846	0.585	0.185	0.114	0.091	0.034	0.000
X26	1.000	0.407	0.180	0.335	0.084	0.000	0.006	0.008
X27	0.728	0.262	0.311	0.214	0.000	0.456	0.243	1.000

运用以上公式计算攀钢五个维度下各指标权重系数，详见表 7-11。

表 7-11　攀钢各维度熵值法评价计算权重结果汇总

维度	三级指标	变量名称	信息熵值 e	信息效用值 d	权重系数 w
科技创新绩效	专利申请受理数	X1	0.933	0.067	4.61%
	投入经费	X2	0.656	0.344	23.60%
	省部级及以上奖项	X3	0.709	0.291	19.99%
	形成国家或行业标准数目构成	X4	0.890	0.110	7.56%
	钢铁新特产品产量	X5	0.726	0.274	18.78%
	科创产品收入占主营业收入比重	X6	0.629	0.371	25.46%

续表

维度	三级指标	变量名称	信息熵值 e	信息效用值 d	权重系数 w
产业协调绩效	从业人员人均粗钢产量	X7	0.796	0.204	16.84%
	资产负债率	X8	0.842	0.158	13.08%
	净资产收益率	X9	0.887	0.113	9.36%
	主要产品产量	X10	0.873	0.127	10.46%
	主营业收入	X11	0.878	0.122	10.10%
	综合产销率	X12	0.903	0.097	8.00%
	利润总额	X13	0.815	0.185	15.24%
	投资总额	X14	0.795	0.205	16.92%
绿色发展绩效	吨钢综合能耗	X15	0.828	0.172	19.79%
	吨钢新水消耗	X16	0.868	0.132	15.16%
	SO_2 排放量	X17	0.883	0.118	13.51%
	COD 排放量	X18	0.861	0.139	15.98%
	SO_2 排放强度	X19	0.862	0.138	15.83%
	COD 排放强度	X20	0.828	0.172	19.74%
国际开放绩效	钢铁原材料进口量	X21	0.820	0.180	22.46%
	设备备件进口花费	X22	0.671	0.329	41.00%
	出口产品量	X23	0.887	0.113	14.12%
	出口收入	X24	0.820	0.180	22.42%
社会共享绩效	吸纳就业人数	X25	0.751	0.249	35.88%
	千人负伤率	X26	0.688	0.313	45.07%
	千人工亡率	X27	0.868	0.132	19.06%

攀钢五个维度正、负理想解见表7-12。

表7-12 攀钢五个维度正、负理想解

维度	三级指标	变量名称	正理想解 A	负理想解 A^-
科技创新绩效	专利申请受理数	X1	0.047	0.000
	投入经费	X2	0.238	0.002
	省部级及以上奖项	X3	0.202	0.002
	形成国家或行业标准数目构成	X4	0.076	0.001
	钢铁新特产品产量	X5	0.190	0.002
	科创产品收入占主营业收入比重	X6	0.257	0.003
产业协调绩效	从业人员人均粗钢产量	X7	0.170	0.002
	资产负债率	X8	0.132	0.001
	净资产收益率	X9	0.095	0.001
	主要产品产量	X10	0.106	0.001
	主营业收入	X11	0.102	0.001
	综合产销率	X12	0.081	0.001
	利润总额	X13	0.154	0.002
	投资总额	X14	0.171	0.002
绿色发展绩效	吨钢综合能耗	X15	0.200	0.002
	吨钢新水消耗	X16	0.153	0.002
	SO_2 排放量	X17	0.136	0.001
	COD 排放量	X18	0.161	0.002
	SO_2 排放强度	X19	0.160	0.002
	COD 排放强度	X20	0.199	0.002
国际开放绩效	钢铁原材料进口量	X21	0.227	0.002
	设备备件进口花费	X22	0.414	0.004
	出口产品量	X23	0.143	0.001
	出口收入	X24	0.226	0.002
社会共享绩效	吸纳就业人数	X25	0.362	0.004
	千人负伤率	X26	0.455	0.005
	千人工亡率	X27	0.192	0.002

根据公式计算出五个维度下正负理想解距离和绩效得分及排序,具体结果见表7-13。

表7-13 攀钢五个维度TOPSIS评价计算结果

维度	年份	正理想解距离 D	负理想解距离 D^-	绩效 C	排序结果
科技创新绩效	2013年	0.409	0.058	0.124	8
	2014年	0.374	0.090	0.194	6
	2015年	0.251	0.352	0.584	1
	2016年	0.411	0.094	0.187	7
	2017年	0.382	0.207	0.352	3
	2018年	0.403	0.128	0.242	5
	2019年	0.383	0.162	0.297	4
	2020年	0.286	0.251	0.467	2
产业协调绩效	2013年	0.262	0.214	0.451	5
	2014年	0.188	0.257	0.577	2
	2015年	0.305	0.161	0.346	7
	2016年	0.299	0.084	0.22	8
	2017年	0.241	0.177	0.424	6
	2018年	0.196	0.244	0.555	4
	2019年	0.200	0.266	0.571	3
	2020年	0.186	0.275	0.596	1
绿色发展绩效	2013年	0.397	0.021	0.051	7
	2014年	0.407	0.009	0.022	8
	2015年	0.302	0.148	0.329	6
	2016年	0.154	0.310	0.667	5
	2017年	0.059	0.372	0.863	4
	2018年	0.033	0.390	0.921	3
	2019年	0.030	0.389	0.929	2
	2020年	0.023	0.400	0.947	1

维度	年份	正理想解距离 D^+	负理想解距离 D^-	绩效 C	排序结果
国际开放绩效	2013 年	0.468	0.241	0.34	6
	2014 年	0.458	0.254	0.357	5
	2015 年	0.492	0.155	0.239	7
	2016 年	0.491	0.120	0.196	8
	2017 年	0.355	0.255	0.418	4
	2018 年	0.091	0.507	0.848	1
	2019 年	0.139	0.472	0.773	2
	2020 年	0.243	0.357	0.595	3
社会共享绩效	2013 年	0.052	0.593	0.920	1
	2014 年	0.307	0.358	0.538	2
	2015 年	0.419	0.233	0.357	3
	2016 年	0.445	0.170	0.276	4
	2017 年	0.555	0.056	0.091	7
	2018 年	0.566	0.093	0.141	6
	2019 年	0.584	0.048	0.076	8
	2020 年	0.573	0.191	0.250	5

最后计算出攀钢熵值法综合评价计算权重和攀钢 2013—2020 年高质量发展 TOPSIS 综合评价，结果详见表 7-14 和 7-15。

表 7-14 攀钢熵值法综合评价计算权重结果汇总

指标	权重系数 w	指标	权重系数 w	指标	权重系数 w
X1	1.33%	X10	2.52%	X19	2.73%
X2	6.83%	X11	2.43%	X20	3.41%
X3	5.79%	X12	1.92%	X21	3.58%
X4	2.19%	X13	3.67%	X22	6.54%
X5	5.44%	X14	4.07%	X23	2.25%
X6	7.37%	X15	3.42%	X24	3.58%
X7	4.05%	X16	2.62%	X25	4.94%

指标	权重系数 w	指标	权重系数 w	指标	权重系数 w
X8	3.15%	X17	2.33%	X26	6.21%
X9	2.25%	X18	2.76%	X27	2.62%

表 7-15　攀钢高质量发展 TOPSIS 综合评价计算结果

年份	正理想解距离 D	负理想解距离 $D-$	综合绩效 C	排序结果
2013 年	0.168	0.105	0.385	6
2014 年	0.161	0.093	0.365	7
2015 年	0.151	0.119	0.441	4
2016 年	0.173	0.070	0.289	8
2017 年	0.157	0.106	0.403	5
2018 年	0.149	0.127	0.46	3
2019 年	0.147	0.129	0.467	2
2020 年	0.129	0.135	0.512	1

四、评价结果分析

(一)各维度发展水平评价结果分析

1. 创新发展水平

比较权重计算结果,专利申请受理数、投入经费、省部级及以上奖项、形成国家或行业标准数目构成、钢铁新特产品产量、科创产品收入占主营业收入比重等 6 个指标中排名前三的指标为科创产品收入占主营业收入比重、投入经费、省部级及以上奖项,权重分别为 25.46%、23.60%、19.99%。由表 7-11 可以看出这三个指标对应的信息效用值最大,说明携带信息较多,能够很好地反映这个维度的评价结果。从科技创新高质量发展绩效评价结果来看,攀钢科技创新高质量发展指数变化表现为急速上升后下降再缓慢上升,2015 年达到最高值 0.584,详见图 7-9。攀钢统计数据显示,2015 年攀钢加大了研发经费投入,截至 2020 年底,投入经费最高为 196642.5 万元,占主营业额的4.5%。攀钢研发经费主要用于进行钒钛资源综合利用产业技术创新战略联盟的创新平台建设，开展清洁钒生产过程反应动力学研究并在国内首次成功开展万吨级钛精矿造球、氧化焙烧、氧化球团冶炼钛等创新技术研发。2016 年、2017 年是去产能政策实施的主要阶段，攀钢主要以淘汰落后的生产设备、工艺及安置下岗工人为主，新产品、新技术研发探索的进程有所放缓，科技创新绩效有所下降，随着去产能进程的推进，在 2017 年攀钢超额完成去产能任务后，不断建立从资源到高效冶炼、产业链延伸的科技创新平台，逐渐将重心放在新产品、新技术研发方面，科技创新绩效又开始逐渐上升。

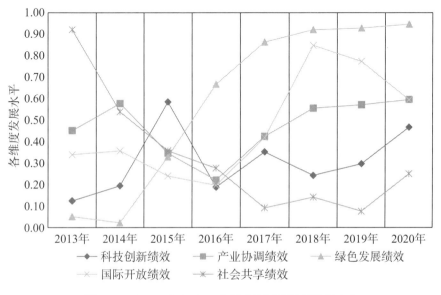

图 7－9　2013—2020 年五个维度高质量发展绩效变化

2. 协调发展水平

比较权重计算结果，从业人员人均粗钢产量、资产负债率、净资产收益率、主要产品产量、主营业收入、综合产销率、利润总额、投资总额等 8 个指标中排名前三的指标为从业人员人均粗钢产量、利润总额、投资总额，权重具体为 16.84％、15.24％、16.92％。由表 7－11 可以看出这三个指标对应的信息效用值最大，说明携带信息较多，能够很好地反映产业协调维度的评价结果。从产业协调高质量发展绩效评价结果来看，攀钢产业协调高质量发展指数变化表现为"V"形，即先下降后缓慢上升，详见图 7－9。从指标变化来看，从业人员人均粗钢产量从 2013 年的 25.11 万吨/人下降到 2020 年的 12.82 万吨/人，处于持续下降阶段；利润总额在 2013—2016 年间属于负增长，在 2017 年恢复正增长，到 2020 年达到 19.04 亿元；投资总额在 2013—2016 年间下降，2017 年之后开始回升。综合来看，2015 年实施的供给侧改革战略对企业经营稳定性和安全性有显著影响，攀钢积极响应政策，于 2017 年逐步恢复，向高质量发展迈进。

3. 绿色发展水平

比较权重计算结果，吨钢综合能耗、吨钢新水消耗、SO_2 排放量、COD 排放量、SO_2 排放强度、COD 排放强度等 6 个指标中排名前两位的指标为吨钢综合能耗、COD 排放强度，权重具体为 19.79％和 19.74％。综合来看，6 个指标的权重基本接近，6 个指标平均值为 16.67％。由表 7-11 可以看出这 6 个指标对应的信息效用值基本接近，说明 6 个指标均能够很好地反映绿色发展维度的评价结果。从绿色发展高质量发展绩效评价结果来看，攀钢产业绿色高质量发展指数变化表现为 2013—2017 年飞速增长，2017 年后稳定增长，详见图 7-9。自 2013 年国家发布《关于开展工业产品生态设计的指导意见》后，攀钢积极响应节能减排号召，深入推进矿山、发电、焦炉、烧结、高炉、转炉、轧钢、钒、钛等工序的废气治理。钛白粉生产过程中攀钢也实现了废水稳定达标排放，在历史遗留的环保问题方面取得长足进步。仅在"十三五"期间，攀钢环保投入就高达 34.73 亿元，环保项目数目达 262 项，表明攀钢由单纯追求达标排放转变为加强排放总量控制。

4. 国际开放水平

比较权重计算结果，钢铁原材料进口量、设备备件进口花费、出口产品量、出口收入等 4 个指标中排名前两位的指标为钢铁原材料进口量、出口收入，权重具体为 22.46％和 22.42％。由表 7-11 可以看出这两个指标对应的信息效用值最大，说明携带信息较多，能够很好地反映国际开放维度的评价结果。从国际开放高质量发展绩效评价结果来看，攀钢国际开放高质量发展指数波动上升，详见图 7-9。从波动趋势来看，攀钢国际开放程度不足，钢铁原材料进口产品中，钒渣自 2016 年开始停止进口；煤炭从 2017 年开始进口；矿石从 2017 年开始大量进口，进口量为 123.7 万吨，是 2016 年进口量的 5 倍。出口产品主要是钢铁产品、钒产品、钛白粉。从出口收入变化来看，2018 年出口收入最高，为 5.5 亿美元，之后开始下降。与钒钛钢铁产品国内需求不足导致进口和出口受阻有关。

5. 社会共享水平

比较权重计算结果，吸纳就业人数、千人负伤率、千人工亡率等 3 个指标权重具体为 35.88％、45.07％和 19.06％。由表 7-11 可以看出吸纳就业人数和千人负伤率这两个指标对应的信息效用值最大，说明携带信息较多，能够很好地反映社会维度的评价结果。从社会共享高质量发展绩效评价结果来看，攀钢社会共享高质量发展指数持续下降，与其他四个维度指数变化相比，发展程度最低，详见图7-9。从指标来看，攀钢吸纳就业人数从2013年的79722人下降到38784人，除了兼并重组和关闭落后产能子公司，行业营业情况下滑，工薪降低，也是大批人员下岗或转行的原因。攀钢千人负伤率从2013年的1.167下降到2020年的0.103，也间接地反映出攀钢对安全教育工作的重视。多年来，攀钢职业危害监检率、职业健康体检率、重大事故隐患整治率均为100%。

（二）高质量发展水平评价结果分析

比较权重计算结果，27个指标中排前十名的指标为科创产品收入占主营业收入比重、投入经费、设备备件进口花费、千人负伤率、省部级及以上奖项、钢铁新特产品产量、吸纳就业人数、投资总额、从业人员人均粗钢产量、利润总额，其中可用于反映科技创新水平的指标有四个。从综合指数高质量发展绩效评价结果来看，攀钢高质量发展指数持续上升，详见图7-10。

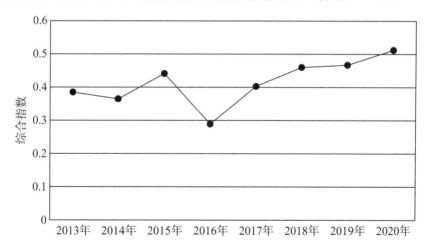

图7-10　2013—2020年综合高质量发展绩效变化

综合来看，2013—2020年，攀钢五个维度发展不平衡：社会共享和国际开放发展程度仍有待提高，产业协调变化不大，绿色发展和科技创新在逐渐进步，详见图7-11。

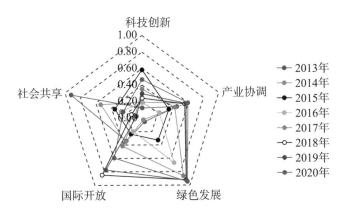

图 7-11　2013—2020 年攀钢五个维度高质量发展水平对比

为进一步讨论攀钢高质量发展情况，此处引入协调度进行研究。因为五个维度对攀钢高质量发展水平而言具有同等的价值，故不考虑指标权重对协调度的影响（龚金花、刘素兰，2022）。利用协调度函数测度五个维度下协调状况的好坏，用科技创新—产业协调—绿色发展—国际开放—社会共享五个维度协调度的值衡量攀钢高质量发展水平，协调度值越大，表明攀钢高质量发展水平越高。具体计算结果见图 7-12。由计算结果可看出攀钢高质量发展协调度呈现出三个阶段的变化特征。具体看，2013—2015 年协调度值持续上升，2015年协调度值有所下降，直至 2019 年基本稳定在 1.95 左右。2020 年协调度值上升到最大值，表明 2020 年攀钢高质量发展水平最高。

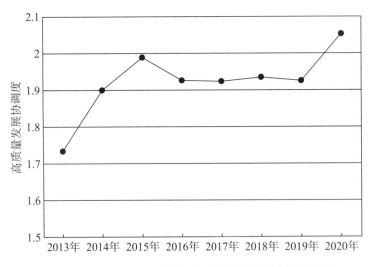

图 7-12　2013—2020 年攀钢高质量发展协调度变化趋势

评价结果带来的政策启示有：持续加强高层人才队伍建设策略，坚持自主创新、技术创新的发展路径，坚持高端创新产品突破和智能制造融合的发展路径，通过创新发展推动钢铁行业高质量发展；按照政府引导、企业主体、市场化运作的原则，加快推进全省钢铁企业，特别是短流程钢铁企业的重组整合，提高区域产业集中度和市场影响力，通过协调发展推动钢铁行业高质量发展；打造工业产品绿色设计加工链，建立绿色产品研发体系，提高废钢利用，加快先进环保技术推广，加强技术创新，推动产品质量升级，通过绿色发展推动钢铁行业高质量发展；鼓励高端设备和产品"走出去"，主动布局国外钢铁市场和衍生产品市场，提高企业的国际化程度与国际经营水平，通过开放发展推动钢铁行业高质量发展；优化人力资源管理制度，妥善安置减员职工，通过共享发展推动钢铁行业高质量发展

第五节　本章小结

本章通过定量分析与定性分析相结合的方法，运用中国钢铁工业年鉴、中国工业统计年鉴及钢铁行业发展报告的资料，综合评价了钢铁行业去产能的政策效应，并得到以下主要结论：第一，SBM－DEA 模型测算结果发现，2008—2019 年间，以 2015 年为时间节点，钢铁行业产能利用率呈现出"波动下降—波动上升"的变化趋势，纯技术效率在产能利用水平提升过程中发挥着主导作用，这也是国家新一轮去产能政策着重强调淘汰掉落后产能、大力倡导技术创新的原因。第二，OLS 模型检验发现，供给侧结构性改革背景的去产能政策对提升钢铁行业产能利用率发挥了积极作用，同时去产能政策可通过设备优化升级、企业兼并重组、技术创新驱动和环境保护规制这四条路径间接提高产能利用率。在这四条路径中，"技术创新驱动"和"环境保护规制"发挥着主要作用。第三，去产能政策实施后，攀钢高质量发展水平得到有效提升，绿色发展和科技创新逐步推进，社会共享和国际开放发展程度仍有待提高。

第八章　去产能进程中的协调机制研究

我国改革开放 40 多年的伟大实践表明，改革之所以是经济发展的动力，根本原因在于，改革的实质是对经济利益关系的调整，从而能调动各利益相关者的积极性和创造性，推动经济发展。化解过剩产能具有典型的公共属性和外部性，涉及多方利益主体，在缺乏成熟制度设计的情况下，通常难以有效协同解决。去产能的利益相关者需要通过利益协调机制解决利益矛盾关系，实现利益均衡。地方政府和生产企业达成一致性集体行动背后的影响因素是中央政府的行为约束，中央政府的行为选择直接决定地方政府和生产企业去产能的成本和收益的高低。因此，本章立足前文研究结果，构建相应的利益协调机制并进行仿真分析。

第一节　利益协调机制设计思路构建

一、总体设计思路构建

广义的协调接近于"治理"的含义，从系统理论的角度看，协调包括协调目标、协调系统和协调模式。机制是指系统内各构成要素之间相互联系、相互作用的关系及其运行方式。利益协调其实就是不同的利益主体之间以及利益主体与利益对象之间表现出来的一种和谐状态（刘永胜，2003）。协调利益本质是对利益主体之间各种利益关系的调整。利益协调机制具有三个基本特征：其一是目的性。任何协调都是为了实现一定的协调目标，目标有差异，协调的手段与方法也就不同。其二是需要采用特定的方法与手段协调利益主体之间的相互关系。其三是利益协调是一个调整过程，即改变对利益主体利益状态的过程。

　　针对去产能进程中利益主体、利益关系、利益矛盾关系及策略行为的本质特点，遵循"为何协调、谁来协调、协调什么、如何协调"的思路，从中央政府视角设计利益协调机制，以改变利益相关者的成本收益，进而实现均衡。协调机制具体包括协调目标、协调主体、协调客体、协调方式等。协调目标就是缓解利益主体间的矛盾关系，实现利益主体各自利益和整体利益最大化，促进去产能一致性集体行动的达成，推动去产能工作高效进行。协调主体包括中央政府、地方政府、生产企业、企业职工、金融机构以及其他潜在利益相关者等。协调客体为利益关系。协调手段为市场手段、法律手段和行政手段等。实现方式包括激励机制、约束机制和保障机制等。具体见图8-1。

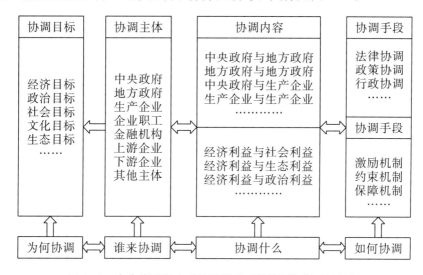

图8-1　去产能进程中利益矛盾关系的协调机制设计框架

二、利益协调目标分析

　　协调目标为改善中央政府、地方政府、生产企业、企业职工、金融机构以及潜在利益相关者间的利益关系，缓解和减少利益矛盾关系，以符合各利益相关者的利益目标追求，促进去产能工作有序推进，统筹推进经济目标、政治目标、社会目标、文化目标及生态目标的实现，最终实现高质量发展的目标。从经济角度看，协调目标通过改变利益相关者利益关系来调控利益相关者行为，实现要素资源在产业链上的高效配置，实现资源节约利用。从社会角度看，协调目标是为了确保各利益相关者公平、公正、合法、合理获得各种利益，实现共享发展，促进和谐社会建设。从制度角度看，协调目标通过调整利益相关者行为，进一步深化经济体制改革、强化制度建设，推动法治国家建设。从生态角度来看，协调目标通过改变利益相关者利益关系，调控利益相关者行为，减少污染物排放，促进生态文明建设。从文化角度看，协调目标通过调整利益相关者行为，强化国家意识、集体意识和大局意识，推动社会主义核心价值体系建设。

三、利益协调主体分析

协调主体包括中央政府、地方政府、生产企业、企业职工、金融机构以及其他潜在利益相关者。每一个协调主体分别发挥不同的功能，其中最重要的就是中央政府、地方政府和生产企业。中央政府是利益协调机制的总设计者，通过构建一套科学有效的利益协调机制来规范自身及潜在利益相关者行为。地方政府是利益协调机制的参与者和实际执行者，在协调机制落地运行过程中发挥着纽带作用。生产企业是主要的利益协调主体，去产能政策影响最大、影响最直接的就是生产企业。生产企业是去产能进程中利益矛盾关系的主要来源，是最需要参与利益协调的主体。此外，金融机构、上下游企业及其他潜在利益相关者在去产能利益矛盾关系形成过程中也有一定影响，也是协调主体。

四、利益协调对象分析

协调对象包括两个层面：一是不同利益相关者间的利益矛盾关系。该利益矛盾关系从纵向利益关系角度来看，是指中央政府追求整体利益、长远利益与地方政府、生产企业、企业职工、金融机构及其他潜在利益相关者追求局部利益、短期利益和既得利益之间存在的矛盾关系；从横向利益关系角度来看，主要是指地方政府间为争夺发展权力、保证区域内社会经济的发展以及提高区域竞争力而产生的利益矛盾关系，以及生产企业间为争夺市场份额和提高市场竞争力而产生的利益矛盾关系。二是同一利益相关者不同利益类型间的利益矛盾关系，主要是经济高质量发展与维护社会稳定间的矛盾关系、经济高质量发展与政治竞赛间的矛盾关系以及经济发展规模与保护生态环境间的矛盾关系。但无论哪个层面的利益协调，归根到底都要通过调整利益相关者行为来实现。

五、利益协调手段分析

政策、法律、法规等一系列有政治权威的正式规制在调节利益相关者间的利益关系时发挥激励和约束的作用，进而促进利益矛盾关系的演化。在去产能进程中，调节地方政府、生产企业、企业职工、金融机构以及其他潜在利益相关者的行为需要科学合理的政策法规。总体上看，利益协调手段包括激励性规制（如财税支持政策、金融支持政策、产业扶持政策、专项奖补政策、社会保障政策等），也包括约束性规制（如市场准入规制、要素价格机制、环境保护规制、绩效考核规制及监督管理规制），还包括保障机制（如法律保障、组织保障及人才保障等机制）。

第二节　地方政府利益协调机制

一、绩效考核管理机制分析

不可否认，去产能或多或少会对地方经济、资产累积及社会就业造成一定负面影响。对地方政府来讲，积极落实去产能政策，可能会面临经济增长速度减缓的风险，可能会承担不良资产的压力，甚至会面临社会上大量人员失业的风险。由此可见，地方政府推动去产能需要付出巨大的风险成本，在没有绩效考核的情况下，其积极推动去产能的可能性较小。因此，推动去产能进程需要从地方政府的考核约束激励机制上做出改变。中央政府要明确，当下考核或提拔地方政府，首要标准应是有推动供给侧结构性改革的决心和实际成效。中央政府要因时因地将去产能目标纳入地方政府绩效考核体系，逐级逐项分解、制定、落实去产能的目标。对于如期完成或超额完成去产能任务的地方政府，中央政府可在财政支付转移、领导干部晋升及产业优惠政策等方面加大奖励力度，以弥补地方政府因去产能造成的损失。对于不能完成去产能任务的地方政府，中央政府要加大处罚力度，如现金罚款、通报撤职等，以增加地方政府不落实去产能政策的成本。总之，中央政府要通过调控地方政府的收益来改变地方政府的行为策略，促使去产能进程的顺利推进。

二、产业培育支持机制分析

地方政府不愿意去掉的产能往往是当地的主导产业和支柱产业，所以地方政府对化解过剩产能不积极。而对于存在财政困难的地方政府，培育新产业虽然能在短期内增加产业投资，但由于缺乏人力资源、原材料、技术等重要的产业发展基础，长期来看，仍将面临发展后劲不足、难以持续的问题。因此，去产能进程中，中央政府要进一步健全产业培育支持机制，做好新产业发展规划与空间布局，构建完善的新产业发展配套政策体系，在特殊政策、金融投资、技术合作、关键要素供给及人才培养等方面给予大力支持，以降低地方政府去产能的成本，进而保障地方政府在化解过剩产能后，有新的产业能维系当地经济社会的发展。

三、多元协同监督机制分析

建立"纵向上下级监督为主、横向同级监督为辅、社会（媒体、公众）监督为补充"的多元协同监督机制。在"委托-代理"结构中建立一个高效的纵向监督机制，对于促进落后产能的淘汰十分重要，如成立长期固定的专门督查小组和临时调查监督小组。临时调查监督小组由上级部门从中央政府部门抽调相关人员组建，不定期对各地区去产能情况进行调查。长期固定的专门调查组由当地行业协会、环保局、质监局等部门的成员构成，定期对各地区去产能情况进行调查。中央政府要充分发挥同级监督的作用，及时通报全国各地方政府去产能的进展，使之成为"外源性同级监督"，并且鼓励同地区的地方政府相互通报工作进展，让彼此了解对方去产能的实际情况，构成"内生同级监督"（陈梦洁，2015）。此外，中央政府要充分调动新闻媒体和公众，发挥其在去产能进程中的监督作用，落实好《关于钢铁产能违法违规行为举报核查工作的有关规定》（发改办产业〔2018〕1451号）等法规，督促地方政府和生产企业积极落实去产能政策。

第三节　生产企业利益协调机制

一、违规处罚问责机制分析

去产能政策实施后，部分地区的企业仍然顶风作案，"地条钢"死灰复燃、已化解的过剩产能复产及违规产能新增等情况时有发生，即使面临中央政府的处罚，生产企业依旧冒着风险进行违规生产，这表明违规生产仍然存在较大的利润空间，而究其根本还是中央政府的处罚力度不够。因此，应该持续加大对违规生产企业的处罚力度，提高生产企业违法生产的成本，尤其是中央政府对于生产企业的罚款额度应高于其违法生产、销售产品货值金额。此外，可将违规生产企业处罚信息推送到新闻媒体或者政府官方网站信息共享平台上进行社会公示，加大对违规行为的曝光力度，形成社会震慑效应，并将处罚信息纳入行业信用体系，积极营造健康有序的行业发展环境，从而改善生产企业的决策行为，促进生产企业积极落实去产能政策。

二、技术创新补贴机制分析

我国产能过剩的一个重要因素就是生产技术过于落后，传统生产设备、生产工艺和产品较多，其根源在于企业科研技术研发及创新能力不足。因此，推动生产技术改革创新成了化解过剩产能的关键。在整个生产技术创新过程中，生产企业需要投入大量的人力成本（科研人员）、资源成本（新材料）、资金成本（研发资金），生产企业经营成本将进一步增加。且由于新技术在初期应用阶段具有投入高、效益低的特点，新技术难以规模化应用。此外，产品市场价格不稳定，生产企业的利润空间很小，甚至还可能亏损，企业主动进行技术创新的积极性不高。因此，中央政府应健全技术创新补贴机制，加大技术创新补贴力度，制定灵活的技术创新补贴方式，降低生产企业经营成本，鼓励生产企业在先进高端产品、关键共性技术、前沿工艺技术与装备等领域进行研发。

三、生产要素约束机制分析

生产企业作为理性"经济人"，在生产规模既定的情况，以成本最小化为基本原则，所以控制好生产成本是其是否可获得正常利润的关键。在所有生产要素中，产品的原材料价格主要受市场供需的影响，中央政府不能随意进行干预。而企业生产过程中的土地、能源、水及电的价格受市场影响不大，中央政府应对列入《产业结构调整指导目录（2011 年本）（修正）》的限制类、淘汰类装置所属企业实施更严格的差别化要素价格制度，通过提高落后产能设备用电、用能及用水的价格，增加生产企业运营成本，倒逼生产企业淘汰落后产能，达到推动去产能进程的目的。

第四节　去产能进程中利益协调机制的数值仿真

前面基于数理模型的推导结果设计了调节地方政府与生产企业间利益关系的利益协调机制，为直观地看出相应措施的激励约束作用和效果，本节进一步对推导结果进行仿真模拟，对激励约束机制进行讨论。

一、地方政府行为策略演化的仿真分析

中央政府对地方政府的绩效考核机制主要从处罚与奖补两个方面影响地方政府行为。产业培育支持机制主要通过奖励影响地方政府行为，而多元协同监督机制主要通过处罚影响地方政府行为。因此，此处验证中央政府对地方政府的处罚力度和奖励力度如何影响地方政府行为策略的选择。

（一）约束机制（处罚力度）对地方政府策略行为的影响

根据预模拟，对 f_2（中央政府对地方政府消极应对行为的处罚力度）的值分别取 1、2、3、4 进行仿真分析，其他参数值采用通过查找历史数据、专家咨询等方法来获取的经验值，如表 8-1 所示。仿真结果如图 8-2 所示。

表 8-1　相关参数取值

参数	取值	参数	取值
$\bar{\omega}_2$	2	$c_{罚}$	0.14
c_3	16	$c_合$	1.5

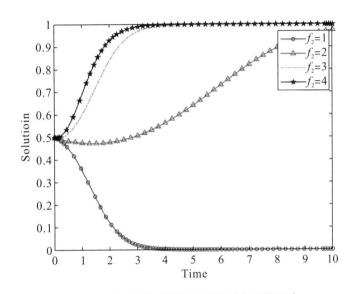

图 8-2　约束机制对地方政府策略行为的影响

由图 8-2 可知，中央政府对地方政府消极应对行为的处罚力度 f_2（罚款金额）高于某一临界值时，随着时间的推移，地方政府行为就会朝着积极应对策略演化，而且随着处罚力度 f_2（罚款金额）的不断提升，地方政府行为朝积极应对策略演化的用时缩短。由此可见，强约束机制对于协调中央政府与地方政府间利益矛盾关系的作用非常明显。因此，中央政府应该强化现有的对地方政府的约束机制，对未完成去产能目标的地方政府，不仅要加大罚款，还要对地方领导进行行政处罚，同时加强纵横向监督力度，发挥各利益主体的监督作用，严厉打击地方保护主义，以进一步提高地方政府消极应对行为的成本，促进地方政府朝着积极应对行为的方向演化，从而保证去产能工作有效进行。

（二）激励机制（奖励力度）对地方政府策略行为的影响

根据预模拟，对 $\bar{\omega}_2$（中央政府对地方政府积极应对行为的奖励力度）的值分别取 0.01、1、2、3 进行仿真分析，其他参数值采用通过查找历史数据、专家咨询等方法获取的经验值，如表 8-2 所示。仿真结果如图 8-3 所示。

表 8-2　相关参数取值

参数	取值	参数	取值
f_2	5	$c_伴$	0.4
c_3	16	$c_合$	1.5

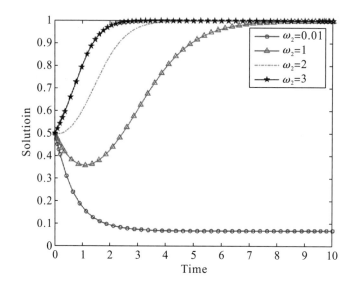

图 8-3　激励机制对地方政府策略行为的影响

由图 8-3 可知，中央政府对地方政府积极应对行为的奖励力度 $\bar{\omega}_2$（奖金额度）高于某一临界值时，随着时间的推移，地方政府行为就会朝着积极应对策略演化，而且随着奖励力度 $\bar{\omega}_2$ 的不断提升，地方政府行为朝着积极应对策略演化的用时缩短。由此可见，强激励机制对协调中央政府与地方政府间利益矛盾关系的作用非常明显。因此，中央政府需要强化激励措施，对去产能任务完成情况较好的地方领导高额的绩效奖励，对去产能进程中表现好的地方领导给予职位晋升的政治奖励。此外，加大财政与金融支持力度，设立专项支持资金，支持地方政府培育新产业，以降低地方政府采取积极应对行为的成本，促进地方政府朝着积极应对行为的方向演化，从而保证去产能工作有效进行。

二、生产企业行为策略演化的仿真分析

（一）约束机制（处罚力度）对生产企业策略行为的影响

根据预模拟，对 f_1（中央政府对生产企业弱执行行为的处罚力度）的值分别取 1、2、3、4 进行仿真分析，其他参数值采用通过查找历史数据、专家咨询等方法获取的经验值，如表 8−3 所示。仿真结果如图 8−4 所示。

表 8−3　相关参数取值

参数	取值	参数	取值
$\tilde{\omega}_1$	0.6	c_2	6
c_1	14	$c_合$	1.5
$\tilde{\omega}_2$	2	$c_伴$	0.5

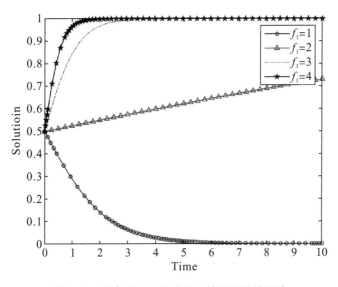

图 8−4　约束机制对生产企业策略行为的影响

由图 8−4 可知，中央政府对生产企业弱执行行为的处罚力度 f_1（罚款金额）高于某一临界值时，随着时间的推移，生产企业行为就会朝着强执行策略演化，而且随着处罚力度 f_1（罚款金额）的不断提升，生产企业行为朝着强执行策略演化的用时缩短。因此，中央政府应该强化现有的对生产企业的约束机制，对未完成去产能目标的生产企业或者违规生产的企业，不仅要提升罚款

额度，使罚款额度高于其弱执行时获得的额外收益和违规生产获得的收益，同时要对生产企业法人进行行政通报处罚，并将相关信息纳入生产企业征信体系，以进一步提高生产企业采取弱执行行为的成本，促进生产企业朝着强执行行为的方向演化，从而保证去产能工作有效进行。

（三）激励机制（奖励力度）对生产企业策略行为的影响

根据预模拟，对 $\bar{\omega}_1$（中央政府对地方政府积极应对行为的奖励力度）的值分别取 0.01、0.6、1.2、1.8 进行仿真分析，其他参数值采用通过查找历史数据、专家咨询等方法获取的经验值，如表 8-4 所示。仿真结果如图 8-5 所示。

表 8-4　相关参数取值

参数	取值	参数	取值
f_1	3	c_2	6
c_1	14	$c_合$	1.5
$\bar{\omega}_2$	2	$c_伴$	0.4

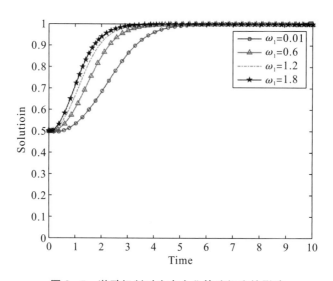

图 8-5　激励机制对生产企业策略行为的影响

由图 8-5 可知，中央政府对生产企业强执行行为的奖励力度 $\bar{\omega}_1$（奖金额度）高于某一临界值时，随着时间的推移，生产企业行为就会朝着积极应对策略演化，而且随着奖励力度 $\bar{\omega}_1$ 的不断提升，生产企业行为朝着积极应对策略演化的用时缩短。由此可见，强激励机制对协调中央政府与生产企业间利益矛盾关系的作用非常明显。因此，中央政府需要强化激励措施，加大财政投入力度，采取多元化的奖补政策，对完成淘汰落后产能、进行兼并重组、国际产能转移及新技术研发的企业进行奖补，而且奖补金额一定要高于生产企业为此付出的成本，促进生产企业朝着强执行行为的方向演化，从而保证去产能工作有效进行。

第五节　本章小结

本章重点对去产能进程中利益协调机制设计思路、目标、主体、对象及具体内容进行了分析，并通过仿真分析检验了协调机制对地方政府与生产企业策略行为的影响，得出以下结论：第一，中央政府有关去产能的处罚机制对规范地方政府和生产企业的去产能行为作用显著。中央政府加强对地方政府和生产企业不作为和违规行为的处罚力度，可以有效规范地方政府与生产企业的去产能行为，且处罚力度越大，规范地方政府与生产企业去产能行为的用时越短。第二，中央政府有关去产能的强激励奖补机制对激励地方政府和生产企业的去产能行为作用显著。中央政府对地方政府和生产企业去产能行为的积极奖补力度越大，规范地方政府与生产企业去产能行为的用时越短。第三，生产要素约束机制对生产企业的去产能行为有一定促进作用。中央政府通过提高产能设备用电、用能及用水的价格，可以在一定程度上倒逼生产企业淘汰落后产能。

第九章　研究结论、建议与展望

第一节　研究结论

结论一：去产能的外部性特征是利益矛盾关系产生的根本原因。去产能是对过剩产能的系统性治理。去产能目标的达成有利于提升资源配置效率。在传统的市场结构和厂商理论范畴内，产能过剩具有其正当性和合法性，是不完全竞争市场结构下，企业应对不确定性、巩固其市场竞争优势地位的一种策略性行为，是纯市场主体行为。中国情境下产能过剩的形成与传统市场结构和厂商理论情境下产能过剩的形成有别，既受"投资潮涌"等市场行为影响，也与地方政府的不当干预有关。由此可见，中国产能过剩的成因具有复杂性，涉及多个主体。去产能作为一项国家政策，其实施结果将在纵向层面影响地方政府、生产企业、企业职工及金融机构的利益，在横向层面影响地方政府和地方政府之间的利益、生产企业和生产企业的利益，涉及多个主体的利益，具有经济性、政治性、文化性、社会性、生态性等多重利益属性。从不同主体的利益层面分析，去产能既具有正外部性，即去产能政策的实施将促进国家和地区经济社会高质量发展，减少资源浪费和节约能源，推动环境保护和生态文明建设。与此同时，去产能又具有负外部性，即去产能势必会因淘汰一些落后产能而影响地方政府的财政收入，势必因企业的"关停并转"而导致一些企业职工失去工作，如这些问题得不到有效解决和处置，就可能影响社会稳定，形成社会风险。去产能的正负外部性表明，去产能进程中既可能存在"市场失灵"，也可能存在"政府失灵"。因此，要保证去产能政策目标的顺利实现，就必须正视去产能进程中的正负外部性。本书以此为切入点将主体利益和策略行为纳入去产能过程分析研究框架加以思考。

结论二：去产能进程中的利益相关者具有明显的异质性和结构性。去产能既是社会生产力调整和优化的过程，也是整个社会因去产能而形成新的社会关系、新的利益关系网络和新的利益格局的过程。在去产能进程中，中央政府、地方政府、生产企业、企业职工、金融机构以及产业链上的关联企业，将被整合进一个新的社会关系网络中，不同利益相关者在去产能进程中所处的位置不同、权力不同，所承担扮演的角色也存在明显差异，其内涵特征既有共性，也有差异性。具体而言，如果将合法性、影响性和事件本身的紧迫性整合在对一个利益相关者的类型化分析中，中央政府集合法性、影响性和紧迫性于一体，具有三维属性，是完全利益相关者；地方政府、生产企业、企业职工及金融机构集合法性、影响性于一体，紧迫性相对较弱，具有二维属性，是核心利益相关者；去产能进程中潜在利益相关者的合法性较强，紧迫性和影响性相对较弱，具有单维属性。利益相关者类型上的差异，不仅表明不同利益相关者在去产能进程中的角色差异，而且也表明其在类型上存在异质性，明确这种异质性是去产能的基础。

结论三：去产能进程中利益相关者的利益具有主体和内容上的差异性。产能过剩是新发展阶段下新的社会主要矛盾在产能发展方面的表现，是中国特色社会主义市场经济发展中的问题，必须纳入"五位一体"总体布局中进行考量，依靠高质量发展来解决。事实上，去产能进程涉及经济、政治、文化、社会和生态利益。在去产能进程中，中央政府、地方政府、生产企业、企业职工、金融机构、去产能行业内关联企业以及外部的媒体、社会公众等不同主体对经济、政治、社会、文化和生态利益的诉求是不同的。这种差异性体现在主体与内容两方面上。一方面，不同利益相关者对去产能进程中同一维度的利益关注度不同，具有主体性特征；另一方面，同一利益相关者对去产能进程中不同维度的利益关注度也不同，他们在去产能进程中的利益诉求具有内容上的差异性。

结论四：去产能进程中的利益矛盾关系具有阶段性、过程性和动态性特征。去产能是调整甚至重构社会分工格局的过程，会导致部分利益相关主体社会参与权的调整甚至丧失，从而产生新的利益分配矛盾，引发利益矛盾关系。因此，本书将利益相关者的利益矛盾关系嵌于"产能规模扩大—产能过剩形成—去产能初期—去产能中后期"的过程中，揭示了"收益共享—利益矛盾关系形成—利益矛盾关系演化—利益矛盾关系化解"的阶段性演化规律，提炼出"轻转重""重转缓""缓转化"的过程性特征，并指出去产能进程中存在的利益相关者行为由对立向协作演化、利益目标由矛盾关系向协调演化、利益分配由不平衡向共享演化的动态匹配特征。在这一过程中，纵向层面的中央政府与地方政府之间既存在利益的一致性，也存在利益的矛盾关系；横向层面的生产企业之间、地方政府之间更多的是利益矛盾关系，而一致性利益相对较少。

结论五：去产能政策收益、成本及约束机制的变化将显著影响利益相关者的策略行为。中央政府、地方政府及生产企业的策略行为选择是权衡预期收益与非线性成本的结果：预期收益越大、合谋成本越高、伪装成本越高、中央政府奖惩越大及生产成本越低时，生产企业行为越倾向于朝着强执行策略演化；中央政府奖惩越大、合谋成本及潜在损失越小时，地方政府行为越倾向于朝着积极应对策略演化；对生产企业和地方政府的处罚越大、地方政府选择积极应对策略面临的潜在损失越大、去产能政策失灵导致中央政府公信力和声誉损失越大及对生产企业和地方政府的奖补越小时，中央政府行为朝着监管策略演化的概率越大；当中央政府设置的激励约束机制足够强，中央政府策略行为由强监管向不监管演化，地方政府策略行为由消极应对向积极应对演化，生产企业策略行为由弱执行向强执行演化。

结论六：妥善解决去产能进程中的利益矛盾关系需要科学合理的机制设计。设计利益协调机制要以对中央政府、地方政府和生产企业利益属性、利益矛盾关系及策略行为的认识为基础，其核心是要进一步明确利益协调的目的、主体、内容和手段，遵循"为何协调、谁来协调、协调什么、如何协调"的基本思路，坚持把中央政府作为利益协调机制的总设计师。研究结果表明，兼顾约束与激励的利益协调机制具有科学性、合理性和可操作性。在中国情境下，健全绩效考核制度、产业培育机制以及多元协同监督机制等，有利于引导地方政府的去产能行为；健全违规处罚问责、技术创新激励及生产要素约束等制度有利于规范生产企业的去产能行为。

结论七：中国的产能过剩是新发展阶段下新的社会主要矛盾在产能发展方面的表现，是中国特色社会主义市场经济发展中的问题，必须依靠高质量发展来解决。新形势下，持续推动去产能，就是要坚持推动创新发展、协调发展、绿色发展、开放发展和共享发展，就是要坚持全国一盘棋、构建全国统一的大市场和新发展格局，就是要坚持使市场在资源配置中发挥决定性作用和更好发挥政府作用相结合；就是要坚持党的集中统一领导这一根本制度优势，就是要坚持将以人民为中心的发展思想作为根本遵循。

第二节　研究建议

产能过剩深刻影响着我国经济社会的可持续发展和高质量发展。化解产能过剩对提高资源配置效率、优化产业结构、构建现代化产业体系、实现高质量发展具有重要的现实意义和长远价值。在党和国家的正确决策部署下，经过多方的共同努力，我国产能过剩治理成效显著。进入新发展阶段，我国经济社会面临的内外环境更加复杂，不确定因素和挑战更多，树立新的发展思想，坚持新发展理念，转变经济发展方式，调整优化经济结构，实现新旧动能转换压力更大，任务更重。"十四五"规划已明确提出：必须坚持深化供给侧结构性改革，以创新驱动、高质量供给引领和创造新需求，提升供给体系的韧性和与国内需求的适配性。国务院发布的《2030年前碳达峰行动方案》立足新发展阶段的目标任务，提出了工业领域碳达峰的具体要求，指出淘汰落后产能是实现碳达峰、碳中和目标的关键，淘汰落后、过剩产能将是新发展阶段贯彻落实新发展理念形成新发展格局的长期性工作。然而化解落后产能涉及经济、社会、制度、生态等多个领域，不仅具有长期性，而且具有动态复杂性，其政策目标的实现需要全社会共同努力，需要集成创新，形成合力和集体一致性行动。由此提出以下政策建议：

建议1：历史、辩证地分析中国产能治理的经验，夯实中国"去产能"的理论与实践基础。市场经济条件下的产能过剩建立在微观主体行为的基础上，是纯市场主体为保持其在位优势而形成进入壁垒的策略性竞争行为，是由个体企业的理性决策形成的总体层面的"合成谬误"，是个体理性行为在中观或宏观层面上的非理性表现。产能过剩是市场经济的必然现象。基于资本主义市场经济的市场竞争逻辑，在价格机制的作用下，产能过剩将通过市场的供需调整得到治理，其结果是市场供需自动实现均衡。资本主义社会的产能过剩是生产的相对过剩，是资本主义社会主要矛盾即社会化大生产与资本主义私人占有制之间的矛盾的表现形式，是难以消除的。而中国的产能过剩是新发展阶段下新的社会主要矛盾在产能方面的表现，是中国特色社会主义市场经济发展中的问题，可以依靠高质量发展来解决。因此，我们必须坚定不移地推动高质量发展，必须坚定不移地贯彻落实"五位一体"总体发展战略，坚定不移地推动创新发展、协调发展、绿色发展、开放发展和共享发展。事实上，在党和国家的统一部署下，经过多方共同努力，2020年中国已完成去产能任务和目标，积累了丰富的经验。去产能目标达成的根本经验是党的集中统一领导及"有效市场"和"有为政府"共同努力。在这一过程中，党发挥集中统一领导作用，市场发挥在资源配置中的决定性作用，政府通过政策引导发挥宏观调控作用，这是去产能取得成效的关键。在党的集中统一领导下，全国一盘棋，市场和政府相互补充、相互协调、相互促进，不仅有效化解了产能过剩问题，提高了资源配置效率，还妥善处理好了职工的安置问题，有效控制了去产能可能引发的社会风险，维护了社会的稳定，实现了社会福利最大化的目标，更进一步提高了治理能力，体现了中国特色社会主义制度的优势。在中国特色社会主义现代化强国建设过程中，中国必须建立自己的现代产业体系，而新的产能建设必然导致旧的、落后的产能被淘汰。产能调整优化是一个动态过程，这是国家现代化进程中的共性问题。过剩产能的调整优化既涉及生产力也涉及生产关系，关乎多个利益主体，需要协调好目标与手段的关系，协调好中央与地方、地方与地方、政府与市场主体、企业与职工等多个主体之间的关系，这是一项系统工程，也是新发展阶段面临的新问题。面对新问题，我们不仅要进行创新性探索，还要从过去的实践中学习有益的历史经验，只有这样才能进一步发挥制度优势、增强制度自信。因此，立足新发展阶段，从公共政策的制定与执行、绩效评价与考核等方面，系统总结我国去产能所取得的成功经验，从理论和实践层面回答清楚"为何成功""有何不足"等现实问题，将进一步夯实我国现代产业体系建设的理论与实践基础。

建议 2：坚持以人民为中心的发展思想，持续推进过剩产能治理。化解产能过剩的根本目的是推动经济社会健康发展，保持经济合理增长和社会稳定，其根本是解决人民群众普遍关心的突出问题。去产能是供给侧结构性改革的首要任务，是推动经济高质量发展的实际抓手，去产能目标的实现有利于创造新的经济增长点、激发经济长期增长潜力。"十三五"期间，在党和国家的统一部署下，我们始终坚持以人民为中心的发展思想，将五大新发展理念贯彻落实到具体的去产能实践过程中，妥善处理好各方利益，去产能工作取得显著成效，充分体现了"以人民为中心"发展思想的正确性。"十四五"时期，我国将全面进入中国特色社会主义现代化强国建设的新征程，人民群众对美好生活的需要将更加迫切，这对中国经济发展思想、发展方式提出了新的要求和挑战。面对百年未有之大变局，新发展格局的形成对我国经济结构的进一步调整优化、能源技术革命、生态环境保护提出了新的挑战，加快工业数字化、生产智能化、管理信息化、产业分工专业化、资源利用洁净化转型，使现代产业体系化，实现高质量发展的任务更加繁重。因此，将以人民为中心的发展思想贯彻落实到新时代背景下的去产能过程中，抓好重点领域、重点行业的去产能工作是主要任务。"十四五"期间，钢铁、煤炭、水泥等在我国工业体系中的地位和作用不会发生根本性变化，钢铁、煤炭、水泥的产能总体宽松与区域性、品种性和时段性供应紧张的问题并存，意味着钢铁、煤炭、水泥行业仍是我国过剩产能治理的重点。在"供给冲击、需求减缓、预期减弱"的新形势下，去产能进程中的资产、债务处置与职工安置难度将进一步加大，这在客观上要求国家层面的过剩产能治理整体施策、稳步推进，要求以一切发展为人民为根本工作遵循，做好顶层设计，建立兼顾激励与约束的利益协调机制，充分调动各利益主体的积极性，使去产能工作取得新进展。

建议3：全面、系统地认识去产能进程中的利益关系，坚持以系统观念为方法指导，积极推进去产能工作行稳致远。去产能的根本目的是实现经济高质量发展，属于生产力建设范畴，而生产力的调整必然会引发生产关系的重构。研究发现，去产能必然涉及中央政府与地方政府、地方政府与地方政府、政府与市场主体、企业与企业、企业与职工等多个利益主体之间利益关系的调整，而不同利益主体在去产能过程中的成本和收益不同，既有利益一致性，也有利益矛盾性。正确处理好多个异质性主体之间的利益关系是保证国家层面去产能政策有效贯彻落实的关键。去产能进程中利益关系的多元性、复杂性和动态性决定了其主体异质性、内容差异性，需要全面地认识去产能进程中的利益关系。全面认识去产能进程中的利益属性是实现去产能目标的前提。事实上，中国去产能目标的实现正是依赖于对去产能进程中主体利益的重视和妥善处理。因此，以新发展阶段、新发展理念、新发展格局和高质量发展为去产能工作的实施背景和目标，审视去产能，就必须正视去产能过程中的主体利益，必须将主体利益纳入其行为选择的整体分析框架，必须坚持系统的观念。党的十九届五中全会将"坚持系统观念"作为"十四五"时期经济社会发展必须遵循的原则之一，这不仅为我国经济社会发展提供了基础性的方法论指引，也为我国立足新发展阶段、贯彻落实新发展理念、构建新发展格局和推动高质量发展提供了基础性的方法论指导。以系统观念为方法指导，去产能不仅需要思考主体利益，而且必须综合考虑去产能涉及的政治和经济、现实和历史、物质和文化、发展和民生、资源和生态、国内和国际等多方面因素。坚持系统观念将有利于更好地把握去产能进程中利益变化的客观规律，更好地兼顾公平和效率，从而实现发展与安全的统筹平衡，更好地推动经济社会协调发展，保证去产能工作行稳致远。

建议4：坚持破立并举、守正创新的基本原则，协调处理好去产能进程中发展与安全的关系。改革开放以来，中国快速融入全球分工体系，充分利用土地、人力资源要素的成本优势，实现与发达国家资本资源、技术资源优势的有效融合和经济的高速增长，并发展成世界第二大经济体，创造了世界经济发展史上的奇迹。近年来，以美国为代表的发达国家为维护自身利益，采取贸易保护主义对中国进行技术、市场的封锁，去全球化趋势明显。因此，提高国内产品供给保障能力，尤其是基础性产品和产业的供给韧性，成为整个国家产业发展建设必须思考的问题。虽然长期粗放式发展在钢铁、水泥、玻璃、房地产行业引发的产能过剩问题的治理取得明显成效，在量上得到有效控制，但也带来过剩产能大量外迁的不利结果，这在一定程度上可能影响到国家的产业安全，值得重视。在新形势下，应将去产能纳入形成新格局和全国统一大市场建设的总体布局中，坚持破立并举的基本原则，统筹推进，写好去产能的后半篇文章。首先，应统一思想认识，正确认识去产能带来的结构性矛盾的艰巨性和复杂性，辩证认识去产能与高质量发展、区域协调发展、新增动能及民生的关系。其次，应坚持以供给侧结构性改革为主线，加强去产能进程中的市场化、法治化建设，努力消除体制性、机制性障碍，降低要素流动的社会成本，促进要素在更广范围内的优化配置。最后，进一步明确去产能的方向和实现途径，即坚持以满足需求为根本目的，努力提高产品质量。要满足需求就必须对市场需求变化做出趋势预测，准确把握市场需求变化，正确理解并区分现实需求与潜在需求。提高质量就是要消除无效供给、增加有效供给，增强供给结构与需求结构之间的适应性和匹配度，以保证供给与需求的动态均衡，实现经济社会的可持续发展和安全发展。

第三节　研究展望

一、关于去产能综合性价值的研究

去产能既是一种由国家、市场共同参与的经济活动，也是国家现代化进程中的一种社会现象。从经济学和社会学角度审视去产能，它既包括主体利益整合和新的经济社会秩序重塑的一面，又包括了利益矛盾关系与产业结构演变、社会结构变迁的一面。如果仅从利益矛盾关系和结构演变视角研究去产能过程中的社会整合和经济秩序演化规律，那么，其研究本身容易忽略由利益矛盾关系引起的社会整合力量的消弭，导致去产能的社会整合力量对社会秩序形成和维持条件与机制的重视不够。因此，未来的研究可将去产能作为一种既成的社会事实，将其纳入一个更宏观的视野框架中，系统地研究去产能与整体社会协调发展、经济社会可持续发展的关系，这将有利于完善国家治理体系，提高国家治理能力。

二、关于去产能引发的利益矛盾关系的创造性功能的研究

矛盾关系既有经济性，也有社会性，是普遍存在的社会现象。总体上看，社会既有稳定、和谐与一致的一面，也有变迁、矛盾和不对等的一面。如果我们将去产能引发的利益矛盾关系视为一种过程性的社会现象，那么，对其形成机理的解释既需要均衡式的解释，也需要社会矛盾关系模式的理解。社会学家达伦多夫的社会辩证冲突论认为，特定的社会结构安排是矛盾关系产生的基础与根源。由此可见，我们在后续的研究中可以围绕以下三个根本性问题审视去产能的创造性功能，具体包括：①去产能的利益矛盾关系群体如何从一定的社会结构中产生？②去产能进程中利益矛盾关系群体的利益诉求有哪些表现形式？③这些群体间的利益矛盾关系如何影响社会结构的调整和优化？对这些问题的研究将有利于深化人们关于去产能的认识。

三、关于去产能利益形成的历史性和主体性研究

正确认识去产能进程中利益形成、发展的历史规律，对把握历史主动性至关重要。利益普遍存在于人类社会的经济生产活动中，是一种无形的社会力量，类似于自然力。当人们对利益的认识不够清楚和全面时，与利益相关的社会力量容易对人类正常的经济生活造成不利影响。因此，正确认识因利益而引发的活动类型、方向和作用，让由利益引发的社会力量更好地服务于人类社会就具有重要的现实意义，需要进一步深化认识。再进一步，从社会历史发展规律看，社会发展历史是客观规律性和主体能动性相统一的结果，这一判断客观上要求人们思考：在处理人类社会活动中的利益关系时如何顺应利益形成、演化的规律，历史地、辩证地认识其规律并做到行动的合规律性；在处理利益关系时，如何增强主体性，充分发挥能动性、创造性，努力寻求一套符合特定时空情景的协调利益的行动方案。这不仅需要理论支撑，也需要实践检验，且有待进一步研究。

四、关于过剩产能治理过程中的中国制度优势的研究

去产能是由产能过剩引发的经济活动。产能过剩是世界性问题，关系到资源配置的效率。在经典西方经济理论体系中，产能过剩是由不完全竞争的市场

结构引发的，是在位企业为应对潜在竞争者进入和市场不确定性而采取的策略行为，是不完全竞争的市场结构与厂商策略性行为的综合结果。在自由主义市场经济条件下，产能过剩的治理仍然是市场主体的自觉行为，受价格机制的驱动，将自发收敛。显然，简单地套用西方经济理论难以对中国式产能过剩的成因做出科学解释。立足中国经济发展的阶段性特征和政企关系，中国产能过剩既受"投资潮涌"行为的驱动，也受政府干预的影响，是市场主体与政府行为共同作用的结果，是历史发展的过程，具有其自身的内在规律性。中国特色的产能过剩问题形成规律决定了其治理方法的中国特殊性，这决定了其治理必须从宏观层面回归到具体场域中的主体层面，并从主体利益关系角度理解产能过剩的形成机理与产能过剩治理的主体利益属性，也只有认识清楚去产能进程中的主体关系网络和关系网络中的主体利益，才可能认识清楚其规律性。中国去产能取得成功正是源于去产能进程中对主体利益的关照，既充分发挥了市场在资源配置中的决定性作用，也充分发挥了政府的宏观调控作用，中国去产能的成功实践是"有效市场"与"有为政府"共同作用的结果，充分显示了中国的市场和制度优势。去产能是中国特色社会主义市场经济建设的历史经验，值得人们深入思考和系统性研究。

参考文献

［1］辛灵. 去产能财政政策研究——以钢铁行业为例［M］. 北京：中国社会科学出版社，2017.

［2］中共中央文献研究室. 十八大以来重要文献选编（上）［M］. 北京：中央文献出版社，2014.

［3］中共中央宣传部. 习近平新时代中国特色社会主义思想三十讲［M］. 北京：学习出版社：2018.

［4］陈梦洁. 落后产能淘汰的监督机制研究［D］. 武汉：中南民族大学，2015.

［5］陈赟. 国企改革中政企利益冲突与协调的研究［D］. 武汉：武汉理工大学，2005.

［6］邓志强. 我国工业污染防治中的利益冲突与协调研究［D］. 长沙：中南大学，2009.

［7］段寒冰. 公共财政理论视角下的政府行为规范研究［D］. 重庆：重庆大学，2006.

［8］郭萌萌. 新自由主义与保守自由主义国家观比较研究及其启示［D］. 济南：山东大学，2013.

［9］李娟. 利益相关者视角下大气污染协同治理的优化研究［D］. 南昌：南昌大学，2020.

［10］刘永胜. 供应链管理中协调问题研究［D］. 天津：天津大学，2003.

［11］罗向明. 中国农业保险发展模式与补贴政策研究——基于利益相关者视角［D］. 武汉：武汉大学，2012.

［12］王一鸣. 城市更新过程中多元利益相关者冲突机理与协调机制研究［D］. 重庆：重庆大学，2019.

［13］郑艳秋. 企业并购的财富效应研究——基于利益相关者视角［D］. 成都：西南财经大学，2011.

［14］阿铭. 产能过剩：中国经济的潜在威胁［J］. 中国国情国力，2004（7）：8－10.

[15] 白让让. "供给侧" 改革与政府产业干预模式转型——基于汽车行业的若干思考 [J]. 人文杂志, 2016 (6): 26—34.

[16] 蔡之兵. 地方政府去产能效果与特征: 2006—2014 年 [J]. 改革, 2016 (10): 43—53.

[17] 陈爱雪. 供给侧改革背景下我国钢铁产业产能过剩问题的解决路径研究 [J]. 工业技术经济, 2016, 35 (10): 133—137.

[18] 陈菲菲, 肖泽晟. 我国农村土地权益分配上的利益冲突与平衡 [J]. 江苏社会科学, 2020, 4 (3): 149—158.

[19] 陈理. 新时代统筹推进 "五位一体" 总体布局的几个特点 [J]. 党的文献, 2018 (2): 3—12.

[20] 陈汝影, 余东华. 资本深化、技术进步偏向与中国制造业产能利用率 [J]. 经济评论, 2019 (3): 3—17.

[21] 陈晓珊, 刘洪铎. 对外开放、金融发展与产能过剩化解——基于我国国有企业供给侧结构性改革的视角 [J]. 财经科学, 2016 (10): 1—10.

[22] 陈振明. 市场失灵与政府失败——公共选择理论对政府与市场关系的思考及其启示 [J]. 厦门大学学报 (哲学社会科学版), 1996 (2): 1—7.

[23] 邓忠奇, 刘美麟, 庞瑞芝. 中国钢铁行业产能过剩程度测算及去产能政策有效性研究 [J]. 中国地质大学学报 (社会科学版), 2018, 18 (6): 131—142.

[24] 董敏杰, 梁泳梅, 张其仔. 中国工业产能利用率: 行业比较、地区差距及影响因素 [J]. 经济研究, 2015, 50 (1): 84—98.

[25] 方福前, 马学俊. 中国经济减速的原因与出路 [J]. 中国人民大学学报, 2016, 30 (6): 64—75.

[26] 付喜凤. 习近平人民中心观生成的四个重要维度 [J]. 西安建筑科技大学学报 (社会科学版), 2019, 38 (4): 7—12.

[27] 干春晖, 邹俊, 王健. 地方官员任期、企业资源获取与产能过剩 [J]. 中国工业经济, 2015 (3): 44—56.

[28] 顾振华, 陈强远. 中央和地方的双重政策保护与产能过剩 [J]. 财经研究, 2017, 43 (11): 84—97.

[29] 郭宏. "一带一路" 倡议下去产能外溢之路——以河北钢铁行业为例 [J]. 经济研究参考, 2016 (64): 54—57.

[30] 郭长林. 财政政策扩张、纵向产业结构与中国产能利用率 [J]. 管理世界, 2016 (10): 13—33, 187.

[31] 韩国高，高铁梅，王立国，等．中国制造业产能过剩的测度、波动及成因研究［J］．经济研究，2011，46（12）：18－31.

[32] 韩永楠，武宵旭，葛鹏飞，等．"一带一路"倡议能否提高中国工业产能利用率［J］．中国科技论坛，2020（6）：54－62.

[33] 何华武，马国贤．财政政策、产能过剩与通货膨胀动态［J］．财政研究，2017（7）：35－48.

[34] 何立华，崔艳艳．中国省际炼化产业产能过剩测度及影响因素分析［J］．工业技术经济，2019，38（1）：133－140.

[35] 何维达，邱麟惠．我国钢铁产业如何破解产能过剩？——基于供给侧和治理机制的思考［J］．江西理工大学学报，2019，40（6）：44－49.

[36] 胡川．市场需求不确定条件下产能过剩问题研究［J］．中南财经政法大学学报，2005（5）：61－65.

[37] 黄健柏，徐震，徐珊．土地价格扭曲、企业属性与过度投资——基于中国工业企业数据和城市地价数据的实证研究［J］．中国工业经济，2015（3）：57－69.

[38] 黄秀路，葛鹏飞，武宵旭．中国工业产能利用率的地区行业交叉特征与差异分解［J］．数量经济技术经济研究，2018，35（9）：60－77.

[39] 鞠蕾，高越青，王立国．供给侧视角下的产能过剩治理：要素市场扭曲与产能过剩［J］．宏观经济研究，2016，4（5）：3－15，127.

[40] 孔令文，李延喜．产业政策、正规金融融资与企业产能利用率［J］．工业技术经济，2020，39（9）：106－113.

[41] 赖红露，熊璞真．透析产能过剩与资源枯竭型城市转型博弈中的金融链［J］．金融与经济，2009（11）：89－90.

[42] 李后建，张剑．企业创新对产能过剩的影响机制研究［J］．产业经济研究，2017（2）：114－126.

[43] 李磊，陆林，杨钊．温泉旅游规划中的利益冲突与协调［J］．经济地理，2018，38（2）：206－212.

[44] 李启佳，罗福凯，庞廷云．"一带一路"倡议能够缓解中国企业产能过剩吗？［J］．产业经济研究，2021（4）：129－142.

[45] 李太平，佘正昊．供给侧结构性改革下制造业去产能与市场集中度关系［J］．企业经济，2018，37（7）：98－105.

[46] 李停．经济新常态下供给侧结构性改革的理论逻辑与路径选择［J］．现代经济探讨，2016（6）：20－24.

［47］李晓斌. 利益相关者视角下产能过剩的博弈分析［J］. 企业经济，2015
（6）：170－173.

［48］李垚，夏杰长，林轶琼. 地方政府行为、企业投资中介与产能过剩：以
LED 行业为例［J］. 广东财经大学学报，2018，33（6）：58－69.

［49］梁泳梅，董敏杰，张其仔. 产能利用率测算方法：一个文献综述［J］.
经济管理，2014，36（11）：190－199.

［50］林毅夫，巫和懋，邢亦青. "潮涌现象"与产能过剩的形成机制［J］. 经
济研究，2010，45（10）：4－19.

［51］林陟峰，何维达. 产能过剩到供给侧改革视角下一般制造业全要素生产
率演变研究——以北京为例［J］. 统计与信息论坛，2018，33（2）：
51－58.

［52］刘航，李平，杨丹辉. 出口波动与制造业产能过剩——对产能过剩外需
侧成因的检验［J］. 财贸经济，2016（5）：91－105.

［53］刘航，孙早. 要素扩张、行业特征与产能过剩——对技术进步与要素配
置调节效应的检验［J］. 当代经济科学，2017，39（4）：58－68，126.

［54］刘鸿渊，梁娟利，彭新艳. 中国农民工市民化的知识图谱分析——基于
2004—2018 年 CNKI 核心期刊和 CSSCI 数据［J］. 西南民族大学学报
（人文社会科学版），2018，39（11）：229－236.

［55］刘建勇，李晓芳. 环境规制、技术创新与产能过剩［J］. 南京审计大学
学报，2018，15（5）：12－20.

［56］刘剑雄. 中国的政治锦标赛竞争研究［J］. 公共管理学报，2008（3）：
24－29，121－122.

［57］刘笠萍. 多治理主体价值和利益冲突解决的整合思路［J］. 领导科学，
2020，4（14）：49－51.

［58］刘鹏，何冬梅. 兼并重组能有效化解产能过剩吗——基于 PSM－DID 方
法的实证检验［J］. 广东财经大学学报，2019，34（3）：4－13.

［59］刘瑞，高峰. "一带一路"倡议的区位路径选择与化解传统产业产能过剩
［J］. 社会科学研究，2016（1）：45－56.

［60］刘西顺. 产能过剩、企业共生与信贷配给［J］. 金融研究，2006（3）：
166－173.

［61］刘小军，徐勤风. 兼并重组、行业集中度与研发投入——基于产能过剩
行业研究［J］. 当代经济，2019（10）：19－21.

［62］刘雪，张世青. 新旧动能转换背景下去产能企业职工分流安置满意度提

升路径——基于济钢的调查［J］. 济南大学学报（社会科学版），2020，30（6）：136−147，160.

［63］刘雪，张世青. 新旧动能转换背景下去产能企业职工分流安置满意度提升路径——基于济钢的调查［J］. 济南大学学报（社会科学版），2020，30（6）：136−147，160.

［64］罗长远，陈智韬. "走出去"对企业产能利用率的影响——来自"一带一路"倡议准自然实验的证据［J］. 学术月刊，2021，53（1）：63−79.

［65］马昊，芮明杰，李笑影. 产业集聚度与产能利用率相关性研究［J］. 上海经济研究，2017（4）：3−10.

［66］马军，窦超. 我国钢铁行业产能利用率的测度及产能过剩影响因素分析［J］. 经济问题，2017（2）：85−90.

［67］马文军. 供给侧改革背景下钢铁行业去产能绩效评价——基于"十三五"期间钢铁行业供给侧结构性改革成效的分析［J］. 价格理论与实践，2020（7）：53−56.

［68］毛其淋，杨琦. 中间品贸易自由化如何影响企业产能利用率？［J］. 世界经济研究，2021（8）：32−48，135−136.

［69］孟昌，王莉莉. 产能利用率的省际差异及其与市场化水平的关系——基于钢铁行业规模以上企业数据 DSBM 方法的测算［J］. 产业经济评论，2021（1）：112−126.

［70］莫小东. 政治周期、政府补贴和产能过剩［J］. 投资研究，2017，36（4）：24−40.

［71］诺兰，段丽萍，士琳. 亚当·斯密的自由市场资本主义——经济学的以往和现在［J］. 现代外国哲学社会科学文摘，1996（9）：47−49，20.

［72］潘同人. 去产能的政治：地方政府的区域控制导向及其内在逻辑［J］. 江汉论坛，2016（7）：37−43.

［73］潘文轩. 化解过剩产能引发负面冲击的总体思路与对策框架［J］. 财经科学，2016（5）：63−73.

［74］庞明川. 习近平宏观调控重要论述的科学体系及原创性贡献［J］. 财经问题研究，2020（8）：12−23.

［75］裴长洪，李程骅. 习近平经济思想的理论创新与实践指导意义［J］. 南京社会科学，2015（2）：1−8.

［76］乔小乐，宋林. 中国煤炭企业的产能过剩——程度测算、演变特征与影响因素［J］. 北京理工大学学报（社会科学版），2019，21（5）：19−29.

[77] 秦黎丽. 要素市场供给侧改革视角下中国产能过剩问题及化解路径 [J]. 改革与战略, 2017, 33 (2): 42—45.

[78] 曲凤杰, 李大伟, 杜琼, 等. 国际产能合作进展状况、面临障碍及应对策略 [J]. 经济与管理研究, 2017, 38 (4): 3—15.

[79] 任理轩. 关系我国发展全局的一场深刻变革——深入学习贯彻习近平同志关于"五大发展理念"的重要论述 [J]. 理论导报, 2015 (11): 4—8.

[80] 上官方钦, 刘正东, 殷瑞钰. 钢铁行业"碳达峰""碳中和"实施路径研究 [J]. 中国冶金, 2021, 31 (9): 15—20.

[81] 时磊. 资本市场扭曲与产能过剩: 微观企业的证据 [J]. 财贸研究, 2013, 24 (5): 1—8.

[82] 史珍珍, 段宜敏. "去产能"视野的再就业意愿及差异化政策: 五省例证 [J]. 改革, 2017 (10): 140—148.

[83] 宋妍. 锦标制度及其发展: 一个文献综述 [J]. 社会科学管理与评论, 2013 (3): 42—54, 111.

[84] 苏剑. 产能过剩背景下的中国宏观调控 [J]. 经济学动态, 2010, (10): 47—51.

[85] 孙贺, 蒋岩桦. 社会主要矛盾及其转化的历史逻辑? [J]. 马克思主义理论学科研究, 2019, 5 (2): 86—94.

[86] 孙璞, 尹小平. 政府科技补贴能通过企业科技创新改善产能过剩吗?——基于新能源产业与汽车产业对比研究 [J]. 华东经济管理, 2016, 30 (10): 101—106.

[87] 王宏英, 曹海霞. 产能过剩条件下的宏观调控政策取向研究 [J]. 经济问题, 2007 (9): 32—34, 71.

[88] 王立国, 农媛媛. 产能过剩化解对策——国企盲目投资扩张诱因分析 [J]. 首都经济贸易大学学报, 2014, 16 (5): 61—67.

[89] 王立国, 王磊. 国有经济、地方政府行为与资本退出——兼论工业部门"去产能"的体制性障碍 [J]. 经济与管理研究, 2017, 38 (6): 66—73.

[90] 王立国. 重复建设与产能过剩的双向交互机制研究 [J]. 企业经济, 2010 (6): 5—9.

[91] 王莉莉, 孟昌. 产能过剩的效率损失与福利损失核算——来自钢铁行业规模以上企业的数据 [J]. 产业组织评论, 2019, 13 (4): 65—76.

[92] 王韧, 马红旗, 李志伟. 信贷扭曲、投资效率与产能过剩: 微观数据实证 [J]. 财贸研究, 2019, 30 (5): 13—24.

[93] 王实，顾新. 知识链组织间冲突类型研究 [J]. 科技管理研究，2010，30 (22)：203—206.

[94] 王寿林，张美萍. 中国特色社会主义发展新阶段的新特点 [J]. 科学社会主义，2017 (5)：16—21.

[95] 王维. 关于中国特色社会主义进入新时代历史方位的若干思考 [J]. 湖北经济学院学报（人文社会科学版），2018，15 (11)：8—10.

[96] 魏琪嘉. 充分发挥金融政策在治理产能过剩中的作用 [J]. 宏观经济管理，2013 (9)：38—39.

[97] 温湖炜. 研发投入、创新方式与产能过剩——来自制造业的实证依据 [J]. 南京财经大学学报，2017 (4)：8—17.

[98] 吴家庆，唐林峰. "习近平总书记关于'五位一体'总体布局和'四个全面'战略布局重要论述"研究述评 [J]. 党建，2022 (5)：33—37.

[99] 吴艳，贺正楚，郑晶晶，等. 产能利用率影响产业升级的传导途径：技术创新的视角 [J]. 科学决策，2019 (2)：47—71.

[100] 夏宁，王哲. 基于博弈论的政企行为与产能过剩关系研究 [J]. 甘肃社会科学，2015 (5)：212—215.

[101] 闫坤. 新时代：以新的主要矛盾标识新的历史方位 [J]. 学习与探索，2017 (12)：1—6.

[102] 闫利民. 工会组织在煤炭企业化解过剩产能过程中的作用 [J]. 中国煤炭工业，2018 (7)：46—47.

[103] 颜恩点，李上智. 产能过剩与企业创新——来自 A 股上市公司的经验证据 [J]. 上海管理科学，2020，42 (3)：14—25.

[104] 颜晓峰. 满足人民美好精神生活需要的高质量发展 [J]. 南通大学学报（社会科学版），2019，35 (1)：1—5.

[105] 杨立勋，向燕妮. 中国钢铁行业集中度与产能利用率关系研究 [J]. 统计与决策，2020，36 (20)：110—114.

[106] 杨培鸿. 重复建设的政治经济学分析：一个基于委托代理框架的模型 [J]. 经济学（季刊），2006 (1)：467—478.

[107] 杨瑞龙. 马克思主义中国化的新成果——关于习近平对政府与市场关系的论述的研究 [J]. 经济理论与经济管理，2022，42 (4)：4—11.

[108] 杨振. 激励扭曲视角下的产能过剩形成机制及其治理研究 [J]. 经济学家，2013 (10)：48—54.

[109] 杨振. 以供给侧结构性改革化解产能过剩 [J]. 理论视野，2016 (1)：

11—13.

[110] 杨振兵，严兵. 对外直接投资对产能利用率的影响研究 [J]. 数量经济技术经济研究，2020，37 (1)：102—121.

[111] 于俊文. 资本主义经济中国家干预主义和经济自由主义的斗争 [J]. 经济研究，1987 (7)：46—52.

[112] 于连超，孙帆，毕茜，等. 环境保护费改税有助于提升企业产能利用率吗？——来自《环境保护税法》实施的准自然实验证据 [J]. 上海财经大学学报，2021，23 (4)：32—47.

[113] 詹婧，潘美智，马漪娴. 去产能企业工会有效性对集体争议的预防效果研究——民主参与和人力资本提升的双路径 [J]. 中国人力资源开发，2019，36 (8)：80—93.

[114] 张保权. 产能过剩与宏观调控 [J]. 商场现代化，2006 (17)：24—25.

[115] 张德刚，蒋艳. 银行信贷、投资扩张与产能过剩的相关性研究——以供给侧改革为背景 [J]. 会计之友，2017 (11)：61—67.

[116] 张杰，宋志刚. 供给侧结构性改革中"去产能"面临的困局、风险及对策 [J]. 河北学刊，2016，36 (4)：123—129.

[117] 张杰，宋志刚. 供给侧结构性改革中"去产能"面临的困局、风险及对策 [J]. 河北学刊，2016，36 (4)：123—129.

[118] 张磊. 马克思利益观及其在中国的发展创新 [J]. 改革与开放，2017 (10)：32—33.

[119] 张宇婷. 深刻理解高质量发展：本质内涵、核心内涵和时代内涵 [J]. 中共南昌市委党校学报，2022，20 (2)：39—43.

[120] 张占斌，孙飞. "去产能"的相关问题探讨——兼评邯钢的经验及启示 [J]. 理论探索，2017 (1)：111—115.

[121] 赵宏中，闻劲哲. 玻璃行业产能过剩背景下政府和企业信号博弈研究 [J]. 武汉理工大学学报（社会科学版），2017，30 (3)：40—45.

[122] 郑慧. 国企改革中富余人员的分流安置——以攀钢集团职工分流为例 [J]. 行政管理改革，2017 (6)：41—47.

[123] 郑文，史文胜，付保宗. 行业产能过剩问题的经济学思考 [J]. 商业时代，2007 (13)：82—83.

[124] 周琳娜，白雪秋. 以人民为中心的供给侧结构性改革——基于马克思主义政治经济学的人民视角 [J]. 学术论坛，2019，42 (5)：90—96.

[125] 周毅，张良. 地方政府干预对制造业产能过剩的影响机理与治理研究

［J］. 广西质量监督导报，2019（3）：24—25.

［126］卓丽洪，贺俊，黄阳华. "一带一路" 倡议下中外产能合作新格局研究
［J］. 东岳论丛，2015，36（10）：175—179.

［127］邹新，李露，王小娥. 产能过剩深层次原因剖析：投资结构与主体失衡
［J］. 投资研究，2010（7）：41—44.

［128］林伯强. 做好去产能的 "加法" 与 "减法" ［N］. 人民政协报，2016—
12—02（6）.

［129］BLINDER A S. The anatomy of double—digit inflation in the 1970s
inflation：causes and effects ［M］. Chicago：The University of Chicago
Press，1982.

［130］CHARKHAM J. Corporate governance：lessons from abroad ［J］.
European business journal. 1992，4（2）：8—16.

［131］FAIRR C. Excess labor and the business—cycle ［J］. American
economic review. 1985，75（1）：239—245.

［132］MATHIS S，KOSCIANSKI J . Excess capacity as a barrier to entry in
the US titanium industry ［J］. International journal of industrial
organization，1997，15（2）：263—281.

［133］MITCHELL P K，AGLE B R，WOOD D J，Toward a theory of
stakeholder identification and salience：defining the principle of whom
and what really counts ［J］. Academy of management review，1997，
22（4）：853—886.

［134］MAMIZADEH—CHATGHAYEH S，TOHIDI G，LANKARANI S.
Capacity utilization of buyer—supplier relationships ［J］. Indian journal
of science and technology，2012，5（9）：3345—3348.

［135］SQUIRES D，JEON Y R，GRAFTON Q，et al. Controlling excess
capacity in common—pool resource industries：the transition from input
to output controls ［J］. Australian journal of agricultural and resource
economics，2010，54（3）：361—377.

［136］WHEELER M. Including the stakeholders the business case ［J］. Long
range planning，1998，31（2）：201—210.